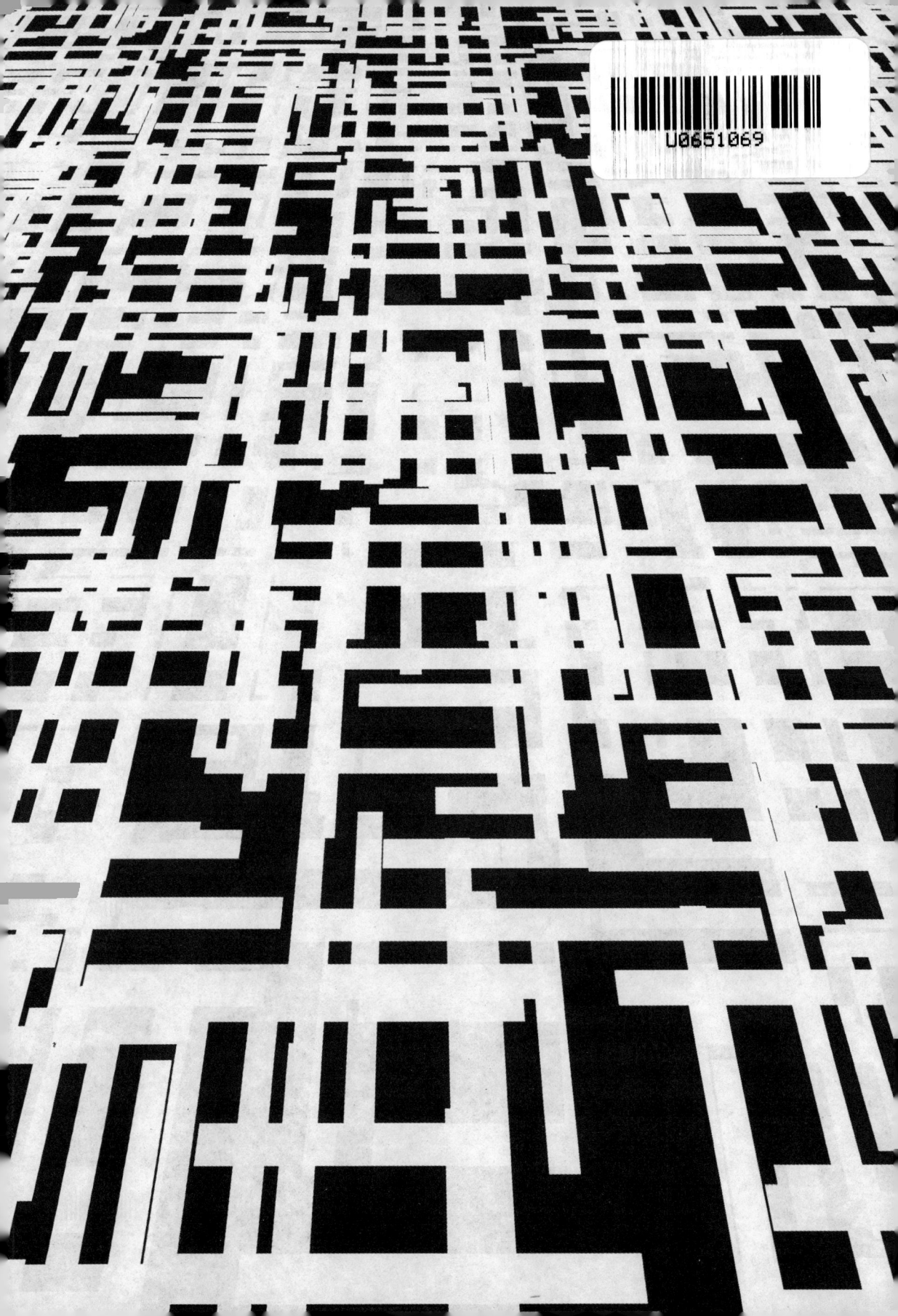

方法比结果更重要

清华北大状元的高分秘诀

王铁梅 ◎编著

天津科学技术出版社

图书在版编目(CIP)数据

方法比结果更重要:清华北大壮元的高分秘诀/王铁梅编著.
—天津:天津科学技术出版社,2010.8
ISBN 978 - 7 - 5308 - 6013 - 7

Ⅰ.①方…　Ⅱ.①王…　Ⅲ.①中学生 - 学习方法 - 高中
②高等学校 - 入学考试 - 经验　Ⅳ.①G632.46

中国版本图书馆 CIP 数据核字(2010)第 166607 号

责任编辑:张　萍
责任印制:白彦生

天津科学技术出版社出版
出版人:蔡　颢
天津市西康路 35 号　邮编 300051
电话(022)233322398
网址:www. tjkjcbs. com. cn
新华书店经销
北京雷杰印刷有限公司印刷

开本 710×1000　1/16　印张 15　字数 180 000
2014 年 6 月第 1 版第 2 次印刷
定价:29.80 元

前　言

　　如果把知识比做宝库，学习方法就是打开知识宝库的钥匙。有人把科学的学习方法比做点金术，比做通向成功的桥梁，都是十分恰当的。

　　有这样一个故事：一个聪明、善良的孩子，在山里遇到一位能够点石成金的老人。老人把一块石头点化成金送给他，他摇摇头不要。老人索性把一座小山点化成金送给他，他仍然摇头不要。老人生气了，大声训斥道："一座金山还不要，你到底要什么？"孩子回答："我要学你点石成金的方法。"

　　古人曰："授人以鱼不如授人以渔。"从接受者的角度来说，学会捕鱼的方法比向别人要几条鱼好得多。捕鱼如此，学习亦然。从某种意义上讲，学会学习比学会知识更重要，因为学会学习，就有了用之不竭的知识。

　　学习是有方法的，我国古代伟大的教育家孔子（公元前 551—前 479 年）主张"学而时习之"，"温故而知新"。他要求学生学习时，要学、思结合，提出"学而不思则罔，思而不学则殆"。就是说，如果光学习而不积极思考，就会迷而不知所向；如果思考不以学习为基础，就会流于空想，会带来知识上的危机。

　　现如今，青少年学子如何成才，已经成为社会、家庭、学校普遍关注的问题。学习方法的优劣往往能决定一个人学习成绩的好坏，进而

影响他的一生。好的学习方法能使一个人充分发挥其积极性，在昂扬的斗志和愉悦的心情中不断创造佳绩，终成大器；不好的学习方法会使一个人整日为学习而头疼，在郁闷的心情和低迷的精神状态中不断在学习上摔跤，最终难成大器。

高考状元的经历虽然是不可复制的，但是好的学习方法却是可以借鉴的。

那些考上清华北大的同学的学习方法是什么呢？他们是怎样取得高分的呢？本书将对高考"状元"们的各种学习秘诀进行详细阐述，以使青少年学子掌握这些方法，为自己所用。

总之，希望这本书能给广大学子带来福音，为金榜题名助一臂之力。

目 录

第一章

清华、北大高考状元话说学习

　　北大、清华的学子是一个特殊的学习群体，吸引着社会的眼球。他们是如何学习的，这常让人觉得很神秘。本章绕开了那些看似神奇的表面现象，从最基本的学习目标谈起，揭示了北大、清华状元取得优异学习成绩的关键性因素：勤奋、注重细节、能够自发主动学习……这些都是取得高分的法宝。清华大学的郝志强说，之所以能够考取清华，除了在一开始就制订了很好的整体学习计划，更重要的是有履行计划的坚定决心和强大的执行力。

第一节　认准一个目标

状元如是说

2007年北京高考理科状元林茜是一个做事情非常执著的女孩子，学习也是如此。认准一个目标，她就一心一意地非常认真地去做。林茜认为，很多学生没有考进理想的大学，究其原因不是因为他们的智商低，而是他们心中杂念太多，没有专一的目标，没有认准自己的路，人生缺乏坚定的信念。在学习上如果朝三暮四，随波逐流，到头来肯定要在高考上留下遗憾。

在安徽广德太极洞内，有一块状如卧兔的石头，石头上方的水滴接连不断地滴落下来，经过很长时间，终于滴穿了石块，成为今天太极洞里的一大奇观。

水滴的力量是微不足道的，但它可以滴穿石块，这是为什么呢？因为它目标专一，持之以恒，所以能把石块滴穿。试想，如果学习上也能如此，还有什么事做不成呢？

我们知道，高考是一条遍地荆棘、充满艰辛的道路，高考也是横亘在每一位考生面前的坎，是谁也无法回避的必经之路。好好地完成中学阶段的学业，就是同学们现阶段必须把握住的奋斗目标。

有这样一种说法，所谓"性格左右命运，气度影响格局"。这是讲，人做事要有大气度、大格局。一个人每天上班，只能做最紧要的事，其他的事统统放下！一个学生每天上学，也只能做最紧要的事，好好完成学业，其他的事统统放下！这也许就是做事的"大气度、大格局"。

反观少数同学，他们总是放不下头上那"三千烦恼丝"，发型要"酷"、穿着要"靓"，对自己最紧要的学习却毫不着急，总是不忘时时对着洗手间的镜子，用蘸了水的手指塑造自己满头刺猬式的乱发！还别说，令这些同学"分心"的事还特多。这又如何能把功课学好呢？

中学生活是紧张、忙乱的，特别是高三，犹如一场旷日持久的、超高强度的马拉松式的赛跑。在这场赛跑中，在难以承受的压力下，很多学生可能会迷茫、徘徊，甚至偏离既定的方向。作为高考征战的主帅，学子们必须要保持冷静的头脑。首先要详细了解，在整个高中阶段可能会发生哪些事情，并且为这些事情的发生预先做好心理的、物质的准备。其次要仔细盘算，此阶段的主要目标是什么，在这个目标的引领下，应该做什么，必须放弃什么。最后，要为已经设立的目标制定一个长期的规划，最实际的就是给自己定一个看得见的目标。比如，想考入北大，那么就冲着这个目标去努力，去奋斗。

2008 年，浙江丽水青田中学的陈瑶同学以 616 分（华侨子女加10 分，总分 626 分）的成绩，成为该市高考文科状元。陈瑶在总结自己的高中学习经验时说："其实我以前成绩一般，到了高三成绩才上来的。"陈瑶说，这得归功于她成功的"秘诀"——咬定青山不放松，坚持目标。

"爸爸每个星期都从意大利打电话来询问我的学习成绩，要我争取在国内上名牌大学。我也给自己定了北大的目标。但是高二时，我的成绩也就一般，心里没什么底。每天被大量的作业累得喘

不过气来,但是我没有放弃自己的目标。"陈瑶坦言,"我觉得学习就是要坚持再坚持,高三时我给自己制订了学习计划:每个月都有复习重点、学习目标,方法找对了,成绩也就上来了。"

所以,学习首先要确立一个目标,即你将来要上什么样的大学,这是你计划的一部分。给自己定一个目标,你不一定非要上清华、北大,但是你心中要有自己的奋斗目标,然后朝着目标努力,坚持、坚持再坚持。心中有了目标,做起事情就会分外用心。但这个目标就像一颗夜明珠,不是叫你每天含在嘴里、拿在手里卖弄的,而是应该把它珍藏起来,隔一段时间拿出来看看,鼓舞鼓舞士气,因为,目标的实现靠的是平日里孜孜不倦的努力,而绝非凭空的想象。

第二节 天道酬勤

状元如是说

2006年山东省理科状元、北京大学元培实验班金融专业学生李明在与高中生们分享高考的成功经验和学习方法时说,"高考成功没有捷径,勤奋才是成功最可靠的保证。"李明自认为是一个笨人,所以只能靠"勤能补拙"。"我的经验很简单,就是勤奋,每天每节课都绝不马虎,晚上回去反复练习。"李明说,他高三那年每天5点半起床,晚上11点睡觉。半年下来,光数学草稿本就用了上千本。

周杰伦有一首励志歌曲,歌名叫《蜗牛》。歌词中写道:"我要一步一步往上爬,在最高点乘着叶片往前飞,小小的天有大大的梦

想,总有一天我有属于我的天。"

有段时间,这首歌曲成了周飞燕高三冲刺的"战歌"。在那段艰苦的日子里,这首歌一直陪伴着她,分享她的喜怒哀乐。

周飞燕同学深知"宝剑锋从磨砺出,梅花香自苦寒来"的道理。每天进教室最早的是她,最迟离开教室的也是她,别人在休息、在娱乐,她仍在不知疲倦地学习、钻研,勤奋是她走向成功的阶梯。十年寒窗苦读,终于到了收获的季节,周飞燕以高分顺利考入了北京大学经济学院。

有人问鲁迅:"你有这样的学问究竟靠的是什么?"鲁迅说:"别人在跳舞的时候我在看书。"学习需要勤奋。勤奋是中华民族自古以来的传统美德,无数与勤奋有关的事例历来为人们称道,车胤"萤入疏囊",孙康"雪映窗纱",匡衡"凿壁偷学",苏秦"悬梁刺股",祖逖"闻鸡起舞",勤奋使他们最终都成就了一番伟业。

诸葛亮少年时代,从师于水镜先生司马徽,诸葛亮学习刻苦,勤于用脑,不但司马徽赏识,连司马徽的妻子对他也很器重,喜欢这个勤奋好学、善于用脑的少年。那时还没有钟表,计时用日晷,遇到阴雨天没有太阳,时间就不好掌握了。为了计时,司马徽训练公鸡按时鸣叫,办法就是定时喂食。为了学到更多的东西,诸葛亮想让先生把讲课的时间延长一些,但先生总是以鸡叫为准,于是诸葛亮想:若把公鸡鸣叫的时间延长,先生讲课的时间也就延长了。于是他上学时就带些粮食装在口袋里,估计鸡快叫的时候,就喂它一点粮食,鸡一吃饱就不叫了。

过了一些时候,司马先生感到奇怪,为什么鸡不按时叫了呢?经过细心观察,发现诸葛亮在鸡快叫时给鸡喂食。先生开始时很恼怒,但不久后被诸葛亮的好学精神所感动,对他更加关心器重,对他的教育也毫无保留,而诸葛亮则更勤奋了。通过努力,诸葛亮终于成为一代上知天文,下识地理的饱学之士。

相反,有哪一个成大业者是在终日嬉戏中度过的呢?高考状元

之所以能在高考中脱颖而出,主要靠的就是勤奋。"天道酬勤"是古训。纵观历年考入清华、北大的学子们取得骄人的成绩,离不开学习上的勤奋进取。高中学习时间紧,任务重,勤奋永远是第一要务。

来自浙江义乌中学的陈春仙,2009年以浙江省文科状元的佳绩考入了北京大学外语学院西语系法语专业。她家在偏僻的农村,坐汽车到义乌还有两个多小时的路程。她说:"我的智力一般,但我自己比较懂事。我来自农村,从懂事开始就觉得爸妈很操劳。有空的时候他们就给我讲过去的事情,非常苦,我听了心里非常难过。虽然我无法改变他们辛酸的过去,但是我可以凭我掌握的知识改变他们的将来。所以我就憋着一股劲,不断勉励自己,在学习上一直保持着勤奋刻苦的习惯。"

付出才能有回报,天赋再好不勤奋学习也不会成功。在这里,笔者寄予每一位学子,要相信"不劳无获,天道酬勤"这句话,只有通过自己的努力才能开拓属于自己的一片天地。

第三节　学习上要重视细节

状元如是说

2008年广东省高考物理状元杨开(总分:692,毕业于湛江一中)是一个重视细节学习的同学。"细节决定成功",这是杨开成功的一个"秘诀"。杨开说,自己从小学开始就喜欢数学,上中学后就选了理科,对科技很关心。刚开始时他的数学、物理成绩并不是很好,由于喜欢就特别下工夫。高考复习阶段,自己对重点、疑难问题紧紧抓住不放。特别是在

解题细节上非常细心认真，很规范，不会糊涂放过一个细节，做题不讲数量重质量。杨开经常与班里学习小组的同学研讨一些疑难问题，对每道题的每个细节都力求搞清楚。

古人云：天下难事，必做于易；天下大事，必做于细。正所谓"成也细节，败也细节"。西方流传着一首民谣："丢失了一个钉子，坏了一只蹄铁；坏了一只蹄铁，折了一匹战马；折了一匹战马，伤了一位骑士；伤了一位骑士，输了一场战斗；输了一场战斗，亡了一个帝国。"生活中的任何事情都是由细节构成的。同样，学习中也有许多细节，如果不注意，经常疏忽，日积月累就会成为前进中的拦路虎。

2007年新疆高考理科状元林佳瑞的高三复习策略就是：抓重点，抠细节，分小计划，争取不失分。在问及其学习成功的经验时，林佳瑞说："我比较注意细节，比如概念性的东西，我会记得很牢，不忽略细节。"因此，学习中要重视每一个细节，不放过任何一个疑难问题。预习、听讲、提问、练习等都要扎扎实实，包括重视那些看似"非主流"的琐碎知识点。

毕业于南京外国语学校的宋昱洁2004年高考总分679分，其中化学单科考了满分，被北京大学录取。宋昱洁同学认为化学学习应重视细节问题，这也可作为其他学科的参考。她说：

中学化学研究的大多是具体的化学反应和物质，而"元素周期律"、"质量守恒定律"这些看似抽象的规律，在作为考点时会体现为对具体化学现象的考查。我在复习中除了认真记课堂笔记以外，还专门准备了三本笔记本，对复习中遇到的细节进行总结。

第一本可以说是对课本内容的梳理。我基本上在高三上学期完成了这一工作，包括逐字逐句地阅读课本，边看边记录下课本中的以下内容：

(1)各种单质、化合物的颜色，溶解度，存在状态和特殊性质

（如毒性）等。

（2）有机物的常温存在状态，液体有机物与水的相对密度、互溶性。

（3）化学反应式的反应条件，如是否需要高温、催化剂、特殊酸碱环境等。

（4）物质的实际用途。

（5）物质在生物学上的意义。

这些知识点相对来说较为孤立，但往往成为某一种物质的"标签"，在难度较大的推断题中会让人"眼睛一亮，喜上心头"，成为揭开迷雾的有力线索，掌握了这些知识，对它们建立清晰、准确、快捷的"条件反射"，不仅能在考试中节省不少时间，也能在考试心理的"潜竞争"中拨得头筹。

第二本关注的是各类实验知识，也是考试的一大重点。包括：

（1）实验基本操作和注意事项。

（2）课堂演示实验和学生实验的原理、步骤、结论，每一步"为什么这样做"，以及常出现的问题和解决的办法。

（3）书后实验习题与选做实验的原理。

这些知识点比较零散，整理起来也比较困难，但同学们一定要有信心，有耐心，需要的话可以把初中的课本找出来看一看；实验习题和选做实验的原理是没有现成的答案可看的，所以探索答案的过程也就是培养解实验题良好的和积极的思维习惯的过程，同学们可以多与老师、同学讨论，在感受调动自己的知识储备从各个角度解决问题的乐趣同时，也会在不同思维的碰撞中有意外的收获。

第三本笔记其实是对前两本的总结和整理。这本笔记最好与第二轮复习同步，在其中可以把有联系的知识分门别类，归类记忆，如：

（1）对中学实验中水浴、煅烧、灼烧等加热方法与该方法适用

实验的整理。

（2）对有挥发性物质的整理。

（3）对"过量"、"适量"与"少量"的整理。

通过这些，同学们可以将知识点串成线，织成网，更深刻地理解物质与反应间的相似与区别。

2009 年四川巴中中学毕业的董伟也是一个细心的孩子，高考总分 655 分，后被清华大学录取。谈及自己的学生能考出好成绩的原因时，班主任刘勇老师内心也很激动："董伟这娃子很细心，学习很注重细节。"

由此可见，细节决定成败。学习中重视细节，可助考生取得优异的成绩。学习上，也唯有重视每一个细节，不断修正、不断改善每一个细节，方可到达成功的彼岸和理想的境界。

第四节　各科成绩齐头并进

状元如是说

黄梦娜（江苏省天一中学学生，以 692 分的高分荣膺江苏省 2006 年高考状元）认为，进入中学阶段以后，很多学生都会出现偏科现象，有的还很严重。黄梦娜坦言，初中的时候，就因为偏科而导致中考考得不是很理想。吃一堑，长一智。一上高中，黄梦娜就开始注重各学科的均衡发展，让强科更强、弱科跟上。

各学科齐头并进的重要性同学们一般都已有所认识，老师和

家长也经常会提到这一个问题,可在具体的操作中却又难以协调。

何润夏(2008 年福建高考文科状元,现就读于北京大学)认为高中想要学好必须做到不偏科。全面不是全能。何润夏说:"我虽不是每科都考第一,但每一科都在前几名,这样一来,没有拖后腿科目,成绩相对比较稳定,更容易取得好成绩。每一科的课都要认真听。自己是否要学好哪一科取决于喜欢哪一科或喜欢哪一科的老师,这是不对的。要带着兴趣去学,不能偏科。"

汪焱同学是个偏科非常严重的同学。他的数理化成绩挺好,但英语成绩一直很不理想。从高一开始,150 分的英语试卷往往只能得 70 分左右,他本人也承认在初中时英语就是他的弱项,中考时只得了 85 分(满分 150 分),所以对英语学习渐渐失去了兴趣,最后发展到了想放弃英语这一科的地步。

他的班主任及时地发现了这一问题并开导他,多次和他谈心。汪焱同学本人也很苦恼,他也深深知道,高考是个全局性的考试,只要有一科拖后腿,靠其他学科来弥补是不可能的。发现问题不难,但往往处理起来就棘手了。

所谓对症下药,才能药到病除。解决偏科问题也得分情况对待。现实中,我们看到,有些学生除了一门功课成绩好之外,其他学科都很一般;有些学生文科好,一涉及理科就傻眼。专家认为,高中生偏科主要有 3 种表现,只有对症下药,才能有效防止和解决偏科问题。

第一种,一科突出,其他科一般。针对这种情况,家长要积极鼓励孩子的优势科目,通过优势科目,树立信心,让孩子认识到自己有学习好其他科目的能力,进而逐渐提高对其他科目的兴趣。

第二种,一边倒。文科弱的学生,要从语文入手,多读书,培养对语文的兴趣,读得多了,知识面就宽,写作时才有话可说。理科不好的学生要把夯实基础知识作为重点,确保自己对简单的题目完全掌握后,逐步提高难度。

　　第三种，一科薄弱，其他科强。汪焱同学就是属于这种类型。针对这种情况，学生要注意别盲目对薄弱学科进行恶补，过多的补习可能会导致对该科的厌烦情绪，重点是要培养对薄弱学科的兴趣，养成良好的学习习惯，可以给这一科目制订学习计划，不要急于求成。对于薄弱学科，学生一定要增强对知识的理解，加强基础训练，保证基本题型不丢分，还要加强应试能力的训练，找准考点和得分技巧，特别是加强对弱科薄弱环节的突破，进而提高整体成绩。

　　在中学阶段，要想各学科齐头并进，应注意以下几点：

　　1.每过一个阶段就要对各学科进行一次"体检"

　　这项工作非常重要，最好在平时的测验或期中、期末考试后进行。在"体检"时还应填写"体检表"，这样才能更好地了解各科当前的学习状况，从而及时采取有效对策。关于这个问题，2007年新疆理科状元林佳瑞深有感触，每一次不管大考还是小考，他都觉得很有意义。既可以检验自己一学期以来的复习效果，还可以查找自己亟待解决的问题漏洞，甚至可以向自己提出新的挑战。

　　2.要扬长"补"短

　　扬长补短就是要让强科更强，弱科跟上。这时候最忌讳的就是完全被兴趣主导自己的行为，在学得顺的科目上不断地加大时间的投入，而在弱科上投入的时间却越来越少，从而强的也没有好到哪（因为在一门课上投入时间越多并不一定就能学得越好），差的却更差了。有的同学在平时的学习中会陷入这一恶性循环之中。因此，这个时候一定要特别注意"补短"。

　　同时，在"补短"的时候还要注意"扬长"，不能放松对强科的学习，该投入的时间还是要投入的，当然还要注意通过"快乐学习"来提高效率，把省出的时间用于补弱科。在时间的搭配上也应做适当的倾斜，但不能过，要不然又会出现强变弱的问题。

3.找到拖后腿的根本原因

江苏理科状元张璇初中阶段的学习成绩很不稳定，有时在前几名，有时又掉到一二十名开外。后经父母分析是偏科造成的。而究其更深层的原因是：张璇对理科的学习方法和解题方法比较对路，因此越学越顺，越学越有兴趣。而对记忆要求较多的文科，因为学习方法不得当，越学越感到枯燥无味。

找到根本原因后，他们一边设法让女儿认识到各科齐头并进的重要性，同时也让她认识到导致偏科的根本原因是什么。正所谓"对症下药"，如此再补起弱势科目就轻松多了。

4.消除环境的不良影响

偏科与家长、老师、环境及书籍的影响也分不开。部分家长及老师经常灌输专才的优势，各种书籍、社会媒体也时常介绍专才成功的例子，这无形中给高中生一种误解，好像只要一门特别突出其他科目可以不用计较，殊不知当今社会需要的是全面发展的复合型人才，而且高考也是对各学科全方位的考查。想要成为某一方面的专才是无可厚非的，在中学阶段可以有意识地培养对某一学科的兴趣，并发挥一定的特长。但是要记住，在保证优势的同时也一定要兼顾其他学科，如果没有其他学科基础知识的支撑，优势终将成为无源之水，难以保持和发展。

第五节 自觉学习效果更佳

状元如是说

2009年湖北省高考理科状元汪烨是一个在学习上从不让父母和老师担心的学生。汪烨认为，读书要靠自觉，要

养成良好的学习习惯,对每门功课都要有学习热情,要自觉地投入学习行动,变"要我学"为"我要学",多发挥自己的主观能动性。

有一篇《"状元"之家》的文章,讲述了一个真实的故事。故事里的母亲涂荣荣和父亲肖方华没有读过多少书,特别是母亲涂荣荣,一天书也没读过,却把她的孩子培养成一个个成绩优异的大学生:大女儿肖艳华考取美国哈佛大学攻读博士研究生;二女儿肖艳霞被保送攻读北京航空航天大学硕士研究生;小儿子肖力敏来到大姐的母校——清华大学攻读硕士研究生。这似乎是一个奇迹,却告诉我们这样一个道理:学习要靠自己,而不是靠父母。

学习的具体方法,往往因人而异,不同的人有不同的学习特点,完全可以根据自己的实际情况采取不同的措施。但也需要学生严格遵守一些共同的原则,它们是取得好成绩的重要保证。自发主动学习是一个优秀学生必须具备的素质。

1.自觉性原则

自觉性要求中学生能够自觉地安排自己每天的学习活动,自觉地完成各项学习任务。我们应当明确,当学习是一种自觉的行为时才更有效,特别是中学生的学习,主要依靠自觉来完成。2009年高考广西桂林状元陈君(现在北京大学工商管理专业就读)从小就养成了良好的学习习惯,把学习看成是自己的责任,坚持每天自觉学习。尤其是数学,她差不多每天要花一个小时的时间做数学题。

相反的,如果把学习变成一种被别人压迫的行为,学习的动力就会减弱,久而久之就会产生厌倦感,失去学习兴趣,学习效果可想而知。所以,对于那些学业不佳的同学应首先检查自己的学习自觉性如何,属于自己的事,必须自觉地去做,这是做好一切事情的前提。

2.主动性原则

主动性要求中学生学习要有热情,主动获取知识,不等待,不依靠,要不耻下问。做任何事情,积极主动都是取得成功的必要条件,学习也不例外。2008 年重庆文科状元刘超然就是这样一个学生。以下是她的两点体会:

(1)认真做笔记,不懂就问

"我没有特别的学习法宝,就是在课堂上认真做笔记,弄懂课本上的例题等基本知识。"刘超然说,"很多女同学很怕数学,其实我以前的数学成绩也不好,上了高中后,每节课老师讲的例题我都仔细记在本子上,包括每一题详细的解题步骤、解题思路等,以后复习的时候就一目了然。并且,我还喜欢问问题,不懂就问!"

(2)善于跟老师沟通

要经常反思自己的学习过程,能发现问题并及时跟老师沟通。刘超然的数学老师这样评价她,"平时善于总结,善于分析,对任何问题都要刨根问底。"

很多同学在学习中恰恰缺乏这一点,不懂的问题宁肯烂在肚子里,也不愿开口问别人。老师讲什么,就学什么,不越"雷池"半步,很少主动与老师、同学交流,有的同学甚至一年也不会问老师一个问题。这些同学绝不是一个问题也没有,而是缺乏学习的主动性和积极性,而这种被动的学习态度是十分有害的,必须改变。

3.独立性原则

独立性要求中学生做事有主见,不轻信,不盲从,不人云亦云,能独立完成学习任务,不轻易受群体因素的影响。很多优秀的学生往往具备这样的特征。当别的同学总愿让老师反复讲解时,他们却更愿意独立思考,依靠自己独立的智慧去努力获取知识。正是他们这种学习的独立性,造就了他们的出类拔萃。

虞之龙,2006 年宁波市高考理科第一名,就读于北大元培实

验班。宽松的家庭环境让虞之龙非常独立自主。他在学习上有超强的自制力，在处理问题、解决困难的时候能够处乱不慌。他特别喜欢独立钻研习题。有时候见到难题就好像饥饿时看到面包一样，兴奋异常，全身心地投入到难题中去进行思考。实在思索不出来，再去请教老师。

我们认为，如果在学习中不能够做到自发主动，就不可能取得最佳的学习效果。众多优秀学子的事例也证明，在找到好的学习方法之前，先要让自己爱上学习，养成自发主动学习的好习惯。

第六节　选择合适的复习参考书

状元如是说

　　2008 年宁夏回族自治区高考文科状元陈溢辉认为，高考复习，应该准备一些合适的参考资料。当然，在选择复习资料时，也不是老师给你推荐，学长给你推荐，说有多么好就多么好，如果你看到它的时候压根不喜欢，连做都不想做，那么它的价值根本体现不出来。所以，挑选对自己复习适合的参考书也很重要。

现在的图书市场上，教辅资料不仅品种繁多，而且鱼目混珠。针对考试复习的参考资料名目如此繁多，往往使考生选择时无所适从。有的考生见到参考书就买，结果在复习中"喧宾夺主"。一些同学企图走捷径，重参考书轻教科书，造成高考的失误。

在这里，笔者认为，我们首先要肯定参考书有其自身价值。在

中学阶段,选择适量适合的参考复习用书,对学生的学习是有帮助的。关键是要学会挑选参考书,在复习的时候,不要被众多参考资料淹没。

1.了解参考资料大致分类

目前,市面上有关高考的教辅复习参考资料大致可以分为 6 类:

(1)纲要类

这类书主要的功能是把教科书中的内容简明扼要地编串在一起,形成一种知识的网络。这类书若编得好,是较有价值的。因为它能帮助同学在学完教科书后,理出纲目,概括内容,提炼重点,点明逻辑。在系统复习时需要这类书来理清思路。

(2)方法类

这类书是讲经验教训的。它帮助同学怎样去提高学习和复习效果,分析高考中为什么有的同学成功,有的同学失败,应该怎样取得好成绩,怎样更牢固地掌握知识等。

(3)考试题类

这类书主要是汇集了历年高考各门课考试题目,有的还汇编了解答方法和答案。这类书适合同学在复习的某个阶段,穿插地做些练习,以熟悉考卷的规律。但必须注意,没有必要将书中所有试题都做完,正确的方法是,有针对性地将各种类型题目选择一二题练习即可。

(4)综合类

这类参考书是比较综合的,它既有提纲性的内容,也有难题解答,还有名词解释,有的还附上该科目的一些主要解题方法。

(5)题解类

这类书的主要功能是将教科书中的原理、定理、公式以及重点、要点的知识"习题化"。这类书把知识的重点、难点、基本概念、原理等以多角度的习题形式展开分析,编成习题集,帮助同学掌握

知识。选择这类书,考生须注意与自己教科书的衔接,不要超过、偏离教学大纲,否则会太深而不实用。

（6）工具书

一般的字典、词典在平时学习时就应该准备。在高考复习中还可选择一些带有专门归类性的工具书,诸如古汉语中的虚词、实词手册,语法手册,数学手册,外语工具书等,以便系统复习,掌握这一类知识的规律,以及查找一些疑难问题。

2.考生应如何选择参考书

如何鉴别、选择自己需要而且确实有效的辅导书呢？根据经验总结,一般按照以下4条标准进行判断。

（1）是否按最新大纲编写

有的出版商为了图省事,把往年的资料换了封面或者简单地调换些试题就冠冕堂皇地摆在书架上了。有些学生在选书的时候,就会被封面上的"按最新考纲编写"等字样唬住。还有的出版商为了多赚钱,把按地方省市的高考架构编写的资料发行到其他省。因此,建议同学们在选择资料的时候,应首先把目录和大致内容都浏览一下。买了超纲或者不符合考纲的资料,就好比买了不对症的药一样,不仅无益,还浪费时间。

（2）是否符合复习规律

每一科的复习都具有明显的轮次,高考复习一般是三轮,每一轮又各有特点,资料也应具有相应的针对性。因此,第一轮复习不要轻易购买"冲刺"、"模拟"之类的辅导书,最后一轮复习也不要去买"大全"、"宝典"之类的辅导书。最好是按照复习进度选购相应的一套资料,效果会比较好。

（3）是否有时效性

最典型的就是时事政治。每年要到9月份党和国家重大会议结束以后,时政内容才能大体确定,再花上一段时间整理编纂,再快也要到10月才成熟。9、10月份就摆上市场的往往内容不全、重

点混乱或粗制滥造，其目的就是拔得头筹先挣钱。

（4）编写质量如何

这是判断的核心。比较省事的办法是看出版社。权威出版社因为要顾及长期效益和品牌，对所出的书籍把关严格，质量较高；而一些"野路子"型的出版商则抱着"捞一把就跑"的心理，书籍质量较差。

3.依据自身情况购书

购书还要根据自己的实际情况，要因人而异。比如，有的同学习惯埋头读书，对知识学得比较零乱，缺乏知识的系统性、完整性，换句话说，就是平时的概括能力、推理能力，还比较差，那么有必要购买一两本质量好的纲要式的参考书。有的同学对课程的基础知识能全面掌握，并且概括、提炼能力也较好，但运算能力、解题能力还不够，那么就应该注意选购一两本题解类的参考书。有的同学很用功，但学习、复习的效率很低，往往事倍功半；有的同学复习时背得很熟，一上考场就心慌意乱，忘了一半。这些同学可以选择方法类的参考书，如考试中应该注意的事项之类的书来读读，有助于启迪思路，改进自己的学习方法。还有的同学对课程逻辑掌握得很清楚，大的纲目、层次也很熟悉，但往往考试时答题不准确，以至小分扣去不少，影响成绩。这些同学应该注意选择工具书和概念、原理、练习题方面的书，促使自己把知识掌握得更准确。

总之，参考书不能不要，但不必太多，应从本人的实际出发，向老师或熟悉自己学习状况的人请教，有的放矢地购买复习资料，帮助学习和复习好课程的知识。

第七节　好的学习方法很重要

状元如是说

　　2005 年湖南省文科状元陈博（高考总分 682 分，其中语文 118 分、数学 146 分、英语 136 分、文综 282 分，考入北京大学光华管理学院）认为，高考取得好成绩，要付出汗水，但更重要的是掌握正确的学习方法。一些勤奋的学子们在高考中折戟沉沙，我觉得盲目地加大学习的强度往往适得其反。只有好的方法才能提高学习的效率。如果说时间保证是表面上的刻苦，那么，好的方法便是本质上的动力。

　　著名科学家爱因斯坦在谈到如何取得成功时，讲过一个为人熟知的公式，即：$W = X + Y + Z$。W 代表成功，X 代表勤奋，Y 代表方法，Z 代表不浪费时间。过去，每当提到这个公式时，往往只强调"勤奋"和"不浪费时间"，而忽视同样重要的另外一点，那就是"方法"。勤奋对学生来说，无疑是十分重要的。天道酬勤，没错。勤能补拙，也是对的。没有勤奋，一切都无从谈起。但是，忽略学习方法，或者重视不够，同样提高不了学习成绩。勤奋与方法，对学生来说，就像鸟儿的一对翅膀，车子的两个轮子，缺一不可，削弱哪一方面，都是不行的。

　　试想一下，同在一个学校，同是一个老师，同念一样的课本，为什么有的人就名列前茅，金榜题名，而有的人却逐节败退，名落孙山呢？或者说，有的人能考上清华北大，而有的人却连大学门槛

也迈不进去呢？是天才和愚才的区别吗？显然不是。笔者认为，除了每个人的素质、基础等方面有所差别之外，学习方法是一个重要的因素。希望考生可以从以下3条建议中得到启发。

1.把别人有效的方法拿来用

古人、前人、成功者总结出许多有益的科学的学习方法，有的经过了无数人的验证，效果突出。那么，就可以拿来即用。如制订学习计划、读书要善于思考、温故知新、重复是记忆之母，等等。经你自己试用，确实有效，就把它变成自己固定的学习方法，持之以恒，形成习惯，一定会获益匪浅。

广东省文科大综合状元邓远源说，"有的同学很用功，用了很多时间在学习上，有的同学他用的时间是其他同学的二分之一或者三分之一，但是他们取得的成绩刚好相反，为什么？其实就是学习方法的问题，如果你的学习方法对路了，你就会学得很起劲，如果学习方法不对路，那就会事倍功半。所以我们一定要明白学习方法的重要性，多吸取别人学习方法的精髓，或者是多点交流。我认为合作交流对于高三学生尤其重要。因为不可能每一种方法都是你的最好，每个人无论是学习好的，还是学习差的，他的学习方法肯定有一点是闪光的，你就要把这些闪光的点学过来，这样对促进自己学习，提高成绩大有裨益。"

2.把效果不好的方法改造后再用

有些学习方法，别人用起来很有效，可你用时却无明显效果，这是怎么回事呢？我们用选购服装来打个比方。商场里的服装琳琅满目，款款漂亮，并不是每款都适合你。那么，在选购时应注重什么呢？名牌？名师设计？实用方便？还是看见别人穿了效果好？这些都不是最主要的，重要的是你选中的服装必须适合自己的身材、个性、气质特点，才会穿出好的效果。选择学习方法也是如此，如作家巴金就喜欢挑灯夜战，"精骛八极，心游于刃"；而诗人艾青倡导"黎明即起，闻鸡起舞"。马克思在写作疲劳时演算数学，列宁却

喜欢在散步的时间思索问题。有人读书一目十行,如牛吃草,读完后再咀嚼;有人读书边读边想,如人吃饭,细嚼慢咽当时消化。所以,每个人都要改造学习方法,使之适合自己的学习特点,要从学习中发现自己的长处,进而发扬自己的长处,让学习方法为己所用,而不是被它牵着鼻子走。

3.自创方法为己所用

2009年江苏高考状元吴敌说:"在某种程度上,学习方法比学习时间更重要。在高三之前找到适合自己的学习方法,会大大减轻高三的学习负担。"好的学习方法都是前人在学习过程中摸索、创造出来的。例如孙敬的"头悬梁",苏秦的"锥刺股",朱熹的"读书三到",孔子的"三人行,必有我师焉",徐特立的"不动笔墨不读书",等等。假如你是个有心人,你也能总结出属于自己的一套学习方法。当你在刻苦攻读中,发现有一种方法使你的学习效率有所提高,或者在学习的某一方面有所进步时,就要把它加以归纳总结,以便运用于以后的同类学习中。这样,一个属于你自己的全新的学习方法就此诞生了。

第八节 高考复习"十忌"

状元如是说

周恬艺(2006年江西省文科状元,就读于北大)认为,高中复习阶段,切忌浮躁。特别是高三阶段,最重要的一点就是时时有计划、事事有计划,万不可做无头苍蝇。计划的时间可长至一个月,短至一天;各科也要有具体的计划,总之要按部就班,循序渐进。

临近高考这一时段，一般学校会安排更多的时间让学生自行整合消化知识，要求学生以课本复习和看试卷为主，注重基础知识的复习巩固。这个时候，每一天都很宝贵，每一步都很重要，因此考生复习要远离一些习惯，笔者在这里把高考复习时的不良倾向归结为"十忌"。

1.忌眼高手低，应以基础知识为主

有些学生在复习的时候觉得那些知识和例题都已经掌握，不想再温习一遍，但是在做题的时候，却又不知道如何下手。其实这反映的是一种眼高手低的心理。基础知识没有打牢，肯定是要吃亏的。我们说，能力是在掌握了基础知识、基本技能与基本方法的前提下逐渐形成的。不要在心理上轻视那些似曾相识的题目，而一味地钻难题找综合，忽略基础知识，追求巧解偏怪题，忽略通性通法，最终结果是丢西瓜捡芝麻，得不偿失。现行高考中基础知识占70%，这要求我们在学习的过程中抓基础，只有根基牢固，才能逐步提高能力。

2.忌复习时滥用参考书

有不少同学没有摆正教科书与参考书的关系，弄得本末倒置。因此在购书时应精挑细选，每门课最多选择一两本质量高，真正具有参考价值的书，切不可滥用，但买了后，则必须充分利用。

3.忌审题粗心，坚持审题慢做题快的原则

审题、解题组织答案需细心，关键字眼、中心思想要抓准，运算过程、书写过程要谨慎，尽量避免因非智力因素而带来的不必要的失分。解题实践表明，条件预示可知并启发解题手段，结论预告须知并诱导解题方向。解题之前认真读懂题目，正确领会题意，通过思考仔细推敲，抓住问题的实质，从题目本身获得尽可能多的信息。审题慢才能做题快，审题不细致，不全面，必然会陷入快解不快反而慢的境地，甚至出现错解或误解。所以要做到审题慢而细，做题快而准。

4.忌方法僵化,要解放思想开拓思路

在解题过程中,有的同学往往思维定式化,只能以单一的思维方法解决问题,不能从多角度、多层次、多方面去考虑问题,把特殊问题一般化,或把简单问题复杂化。如果在学习中注意掌握多种解题方法,掌握多种解题思路,经常进行灵活多变的一题多解的训练,那么思路拓宽了,解决问题的办法自然就更多、更合理了。

5.忌面面俱到,注重抓课程体系的重点

复习时忌面面俱到,蜻蜓点水,没有重点。要注意突出重点,抓住了重点得分率就高。不求面面俱到,但求重点突出。主次分清楚,复习效果会更好。

6.忌死记硬背,重在提高思维能力

《高考说明》中明确指出了减少记忆型的题目,增加能力型、应用型以及综合题的题目。背题型已经成为历史,靠牺牲速度换取高分的时代已不存在了。在复习过程中要重视思维能力的培养,加强练习解决实际问题的应用型题目。

7.忌答非所问,做到解题详略得当、结论完整

有的考生拿到考题明明会做,但最后答案却是不全面或错误的;有的考生答案虽然是对的,但中间过程有逻辑缺陷或概念错误。考生在平时的训练中,就要解决好"会而不对,对而不全"的问题。解题中应注意推理的严谨性,计算的准确性,表述的规范性,结论的完整性,会做的题目力求不失分,部分理解的题目力争多得分。

8.忌题海无边,要以一当十

绝大部分状元都反对题海战术,认为复习中并不是做题越多越好。题是要做,但要有针对性地做题,明确思路,掌握规律,熟悉方法是最重要的。如果能做到一题多解,举一反三,有目的、有计划、有针对性地去做题,那么学习成绩会提高更快。

9.忌胸无目标,做到计划要周密,时间要合理

由于学生之间的基础有差异,学习方式和理解能力不尽相同,

所以每位学生应该根据个人不同的特点，拟订出适合自己的学习计划，明确每天的学习任务，合理地安排时间，并且努力完成计划。

10.忌猜题押宝，要以掌握整体技能和方法为根本

"猜"的随意盲目性大，不利于掌握基本知识和方法。考高分要靠选用适合的方法，经过严密的计算和严格推理，以获得问题的正确答案。复习时要培养自己的适应能力和应变能力，以学过的基础知识为基点，从培养能力入手，掌握合理的科学方法，使解决综合问题的能力不断提高。

当然，强调忌猜题押宝，并不意味着不要训练，在复习诸环节中，精选试题强化训练，是可行的也是十分必要的。它可以推动学生的复习，加深理解，培养学生解题的技巧和方法。

第二章

高考状元教你学好基础知识好策略

俗话说："万丈高楼平地起。"学习也好比盖房子，只有打好地基，才能建好高楼大厦。如果基础打不好，那么以后的工作也就很难做好了。高考试题年年变，而解题所依据的基础知识却是相对不变的，所以扎实的学科基础知识是学生高考取胜的法宝。深刻理解基础知识，把握基本概念、规律、原理的内涵和外延，做到提取准确、迁移灵活、运用合理，这样才能解决考题中设置的新情境问题。没有基础就没有能力，打好了基础，能力才会提高。

第一节　总论——高考状元的以课本为主法

状元如是说

2004年广东省高考状元徐尚华表示，自己没有什么特殊的学习方法，就是复习以课本为主，做题在精不在量。如果有人做了很多的题仍拿不到高分，那是因为没有重视课本；如果有人难题做得很好，简单题却容易出错，那还是因为没有重视课本。我们扪心自问：是不是课本上的每一个概念都搞得清清楚楚？是不是每一道例题、习题都能达到一看就会做的程度？是不是认真分析了课本所体现的基本意图和基本思路？很多时候，我们的答案是否定的。如果连这一点都做不到，也难怪付出了很多努力却收效甚微了。每一道高考题，都是课本概念的延伸和课本题目的综合。如果吃透了课本，就是抓住了根本，又何愁考不到一个好分数呢？

每个学生在复习中首先要面对这样一个问题：在各科基础知识的学习和复习中，是应该以教辅、以做练习为主，还是以课本为主？其实答案只有一个，就是一定要以课本为主。

1.以课本为主的三大理由

（1）所要学习和掌握的各科基础知识都摆放在课本中，考试

肯定要以课本中的基础知识为纲,超纲的可能很小。

有些同学会说,要是考试超纲了怎么办?笔者认为:超纲并不是对你一个超纲,是对所有的同学都超纲,你拿不到的分,别的同学也照样拿不到,没什么好担心的。再者,课本以外的知识点,充其量也只能是一些四五级的知识点,没必要去抓。

(2)所有教辅都是从课本延伸出来的产物。因此,同学们在对各科基础知识的学习和复习中也只能以课本为本,教辅材料充其量也只能起到参考和辅助的作用,绝对不能以其为本。

(3)练习无非就是要检查和提高对基础知识的学习和掌握情况、灵活运用水平及运用基础知识去分析和解决问题的能力,而这些都离不开对基础知识的学习和掌握,否则,后面的工作是没办法做的。而这些基础知识又都在课本中,这也就是要以课本为主的第三大理由。

2.以课本为主法的两大效果

(1)这样才能把基础打牢

以课本为主,这样才能抓住根本,把基础打牢。

(2)它可以让人少走弯路

在基础知识的学习和复习中,以课本为主,也就抓住了学习的关键,可以少走弯路。要是以教辅或练习为主,在学习和复习的过程中就可能向两个方向发展:一是又绕回到了教材这一源头上,走弯路;二是干脆就会朝相反的方向发展下去,误入歧途。

3.以课本为主的三个细节

一是"准",对每一个知识点都要弄准确,不可似懂非懂、模棱两可。因此看书时不能走马观花,要逐字逐句去钻研,务必达到透彻理解。

二是"熟",对学过的内容都要记牢并且练熟,应用起来得心应手。光看不练是不行的,认真做好每一道习题,是很重要的学习方法,但这一道理却很少有人领悟。有些题目看的时候觉得自己一

定会,但实际上不一定能做出来。另外练习做题时一定要规范化,写出的文字说明、方程式、公式以及重要演算步骤,都要符合正式考试的要求。

三是"灵",要学会灵活运用知识,不要死记硬背,生吞活剥。要熟悉定理、公式、法则的各种变形和应用,反复思考它的实质以及和其他知识的联系,要练习"一题多解",这样就会越学越灵活。

第二节 核心——高考状元的提纲挈领网络法

状元如是说

2009 年海南省高考文科状元陈之伊认为,书本中的一个个知识点就像是散落在地上的一片片树叶,同学们在基础知识的学习中要是能把零零碎碎的知识点通过像"树"一样的体系联系起来,从而形成一个有机的整体,这些七零八碎的知识点才会像大树上的树叶一样,成为一个个活的知识点。否则,这些知识点就会像散落在地上枯黄的树叶,只会是一些死的知识点。

我们可以设想一下,如果把家里的东西都堆在地上,那么这个家肯定乱得不成样子,像垃圾堆,要想找什么东西,肯定要花费很多工夫。如果把这些东西都分门别类放到各个柜子里,把它们像网络一样地排好,这时要想找什么东西的话就容易了。基础知识的学习也是一样,如果各知识点只是胡乱地堆积在自己的头脑中,

那么头脑就会变成一个大垃圾桶。提纲挈领网络法就是为了从根本上解决这一问题。

1.提纲挈领网络法的三大功效

（1）能让各重要知识点按条块和层次分布

在基础知识的学习中，如果把各章节的各重要知识点罗列清楚，并按章节目录进行归类，那么各重要知识点自然也就能按条块和层次进行分布，形成一个多层次的重点分类体系，各重要知识点自然也就能在头脑中摆放得整整齐齐。

（2）便于记忆

因为整个知识体系同时也是一个多层次的重点分类体系，对所需记忆的各重要知识点不仅进行了编码分类，同时还大大简化了所需记忆的内容，所以自然就能用较短的时间对相关知识进行较有效的记忆，从而大大提高记忆效率。这是从头到尾逐字逐段学习和掌握基础知识所无法达到的。

（3）便于答题

当各重要知识点像知识图表一样在头脑中摆放得整整齐齐以后，就像按总目录与子目录的关系存入电脑硬盘中的资料一样，既便于对各重要知识点的分类管理与存放，又便于在答题时对相关知识点的调用。否则，不仅会造成答题的混乱无序，而且在调用相关知识点时也要多费时间。

2.提纲挈领网络法要注意的三个方面

在许多学生的头脑中，各科知识就像是一大堆废旧书报一样杂乱无章地堆积在那里，他们头脑中的知识仓库急需进行一次彻底的大扫除。同学们在用提纲挈领网络法学习和掌握基础知识时还应特别注意以下三个方面：

（1）认识到用提纲挈领网络法建构知识体系的重要性

对于许多还没有认识到提纲挈领网络法重要性的同学，当然是想不到用这种方法去学习和掌握基础知识的。

（2）认识到提纲挈领网络法是建构知识体系的一种最基本的方法

不要以为仅用这种方法把各章节的各知识点网罗起来就万事大吉了，其实这只是一项最基础的工作，要想更好地学习和掌握基础知识还要进行更进一步的分析和归类。如进行要点分析、专题归类、共性加特性和掌握规律等。

（3）在具体操作中应注意以下两个步骤

第一步：要看目录

要先对整本书讲了哪几方面的内容，每一章里面又讲了哪些内容有总体的了解。

第二步：进入每一节中的各部分

在进入每一节的各部分之后，要把各部分所涉及的主要知识点进行分析和归类。

第三节 要领——高考状元的追根问底法

状元如是说

　　山东东营一中隋雁云夺得了 2009 年山东省高考理科状元，她在总结高中复习的时候寄语学弟、学妹：任何事物在生成的过程中，都有一个来龙去脉，都有一定的因果关系。它不可能平白无故地来，也不可能平白无故地去。无论过去、现在还是将来都是如此。同学们在学习中追根刨底的过程，其实也就是一个追因的过程，要多问几个为什么。

多问几个"为什么"，其实是一个思考和学习的过程。有很多

同学不屑于问"为什么",以为自己已是学习能手或者是觉得压根就没什么可问的。其实,简单的问题你不一定能回答得完全正确,熟悉的事情你也不一定能做得明明白白。多问几个"为什么",对学习大有裨益。2002年青海省文科状元邵夷贝以前读任何书都不动脑子,总觉得书中的每一句话都是顺理成章的,只要接受和牢记就行了,没必要多问。后来在历史老师的引导下,她开始带着疑问去学习,无论什么问题都多问几个为什么。为什么这样?为什么那样?而且她还把这一学习方法运用到各门功课的学习中,结果她学到了埋藏在字里行间的许多深层知识,她对概念的理解也比以前更深了,这样她对基础知识的掌握也就有了质的飞跃。

1.追根问底法的三大功效

2006年福建高考状元谢宇宏从小就学习刻苦,善于思考,进入高中后在学习上更是有疑必问,从不放过一个难点。谢宇宏认为在各科基础知识的学习中多追根问底,不仅能在基础知识的学习中钻得更深、吃得更透,同时还能发现许多内在联系,从而更好地掌握各知识点。

如在物理基础知识的学习和掌握中,在学习牛顿三大定律时,他就会问为什么不把牛顿第一定律当成牛顿第二定律的一个特例来处理?在学习合力和分力时,他就会问为什么可以等效替代?在学习机械能守恒定律时,他就会追问这个"守恒"是整个过程都守恒,还是只是在某一个时态守恒?就是用这种方法,他对物理基础知识的掌握要比其他同学更深一个层次。

追根问底是一种学习态度,也是一种学习方法。众多清华北大的学子,在谈到高考复习的时候,都会强调自己比较喜欢多问,多请教。2009年湖北省文科状元李洋每当遇到不懂的问题,他总要多问几个"为什么"。一次,他在做一道数学题时,发现解题步骤有异议,就主动找到老师问,"这个步骤为什么是正确的?为什么用其他方法就不行?"两个"为什么"让老师一时也不知如何回答,随

后师生一起拿书探讨。

我们来看一下"追根问底"学习的三大好处。

（1）能有效地激发求知的主动性

在学习中爱追根问底的同学，自然也就会对埋藏在深处的知识点充满好奇，想把它挖出来，搞清楚弄明白。这样在学习中就更有主动性。

（2）能加深理解及求得更多的知识

在基础知识的学习中能够积极主动地追根问底的同学，在探求知识的过程中自然会钻得更深，吃得更透。在这一过程中还能求得更多的知识。而不会追根问底的同学，在基础知识的学习和掌握中常常就会像小鸡刨食一样，只能吃到浮于沙土表层的小米粒。

（3）能发现知识点之间的许多内在联系

"追根问底"的过程实际上就是顺着因果链条一步步探寻原因的一个过程，经过了这个过程，很自然地就会发现知识点之间的内在联系及变化规律，并把各知识点通过网络链给串起来。

2."追根问底"时的四大注意事项

（1）首先要有找"根本原因"的意识

追根追根，同学们在学习中就要找到这个根。无论是在基础知识的学习中，还是在问题的查找中，只有找到了根本原因，才能把埋藏在深处的东西给挖出来，才会对知识的生成之源有更深刻的认识，也才能从根本上解决问题。同学们只有首先认识到这一点以后，才会在学习中有一股子追根问底的劲。否则，没有这个意识，在知识的探求中只会停留在表层，或者是一知半解。

（2）要大胆质疑，小心求证

同学们在学习的过程中，不管是对课本上的知识，对老师的见解，对各种权威的观点，还是练习册中的答案，首先都要敢于大胆质疑，提出自己的不同观点，但不要盲目地否定，应小心求证，最后谁正确就听谁的。不要小看这一过程，这样能让自己对所学的

知识有更深刻的领悟。

许多同学在学习的过程中，往往都是不假思索就盲目服从书本理论，服从老师和各种权威观点，如此学习当然探求不到深层的知识。

（3）要多问几个为什么

学习的时候，多问几个为什么，才能学到知识。爱因斯坦曾说过："我没有什么特殊的才能，不过喜欢寻根问底追究问题罢了。"寻根问底追究问题也就是多问几个为什么，这是一种可贵的精神，正因为有了这种精神，爱因斯坦才创立了相对论。同学们在问为什么的过程中，也就是顺着因果链条一步一步倒推寻根的过程，这样才可能找到根源，这样就会知道这个知识点是怎么来的，它是从哪里来的，从而对所学知识钻得更深，吃得更透。

（4）注意将相关各知识点串联起来

同学们在对各科基础知识的学习和掌握中一定要注意加强这一意识。对于许多只要用一根线就能连在一起的知识点，只要在头脑中有这么一根因果链就可以了。对于一些需要用树枝状结构连接的相关知识点，同学们还要自己动手去画这张网络图表，这样才能把头脑中的这一根根线理顺，否则就可能搅在一起。如在对物理、化学、生物的许多相关知识点内在关系的梳理中就要自己动手绘制这张图表，尤其是化学更要如此，否则各种内在的相互转化关系很容易搅在一起。

学贵在有疑问。心中有疑问，才会不断提出问题，解除疑团，获得新知。有些学生心中"无疑"，只凭书本上写的死记硬背，那样肯定是不能通过高考的。并且，追根问底，也要会问，能问到关键。化用 2010 年春晚赵本山小品里的一句台词，那就是，学习"刨得要深，往祖坟上刨"。

第四节　语文——高考状元的日积月累积跬步法

状元如是说

　　沈凌波(2009年高考成绩总分709分,浙江省高考文科状元,被北京大学光华管理学院录取)认为,语文学习是每天的事,是一个日积月累的过程。仅从高考考试试题的安排来说,无论是基础知识,字词句还是文言文语段的实词、虚词、特殊句式,甚至是现代文阅读,都需要平时的积累。学习语文,最重要的就是积累,坚持不懈。

　　语文学习如同小孩走路,来不得一点点的虚假架子,必须在无数次的跌倒、滚爬中反复地锤炼。荀子说:"不积跬步,无以至千里;不积小流,无以成江海。"这句话,用在语文学习上再贴切不过。客观地说,语文作为基础性工具学科,想要学好是不容易的。它体系博大内容浩繁,融思想、知识与艺术为一体,需逐步培训良好的感知与接受能力。但作为中学阶段的一般性学习,需要的是扎实的文字、语言功底,良好的阅读习惯和顺畅的口头与书面表达能力,而达此目的是不难的,是有规律可循的。

　　这里,首先需要端正一个认识,即语文成绩的提高有赖于语文素养的增强,是一个循序渐进、潜移默化的过程。2007年北京高考文科状元张玥总结说,语文学习和其他科目不同,更强调积累,并不严格地受大纲限制。所以即使在高三时,也应该以读书、积累为主(阅读内容可以参考个人兴趣而定,不必严格规定)。对课本的

针对性学习也很重要,这个工作建议在高一、高二时完成。

　　语文学习内容的丰富性,学习时间的长久性决定它不能一蹴而就,所以不能急功近利,为应试求成绩,而应扎实语文基础,日积月累,一步一个脚印地打好语文的基础。2008年河南省理科状元刘鹏飞说,语文一直是他的弱势科目,但他在高三这一年下了很大工夫,成绩很快就提高了。除了跟着老师的复习计划走之外,刘鹏飞还看了很多课外书,遇到精彩的语段会把它抄到摘抄本上,每次考试之前都拿出来翻看。这些点滴积累对他语文成绩的提高起到了很大的作用。

　　在此,我们可以把语文学习的日积月累归结为五点:

　　1.课堂学习积累

　　重在课堂完成,以笔记批注形式完成。高中课文是很多专家优选出来的文本材料,这些文本除了可以帮助学生分析作品,形成语文能力外,有很多还是优秀的语言材料。有针对性地积累这些材料,可以积蓄优秀文化遗产,提高自身文学修养。

　　另外,大纲要求背诵的大多是文言文和现代文中的精彩段落,在听课过程中,遇到一些好的句子可以及时地记下来。如《我的四季》中就有很多语句富有生活哲理,可以引发对人生的思考。如"人要是能够期待,就能够奋力以赴"等,都可以利用课堂时间进行积累。

　　2.课外阅读积累

　　就高中生而言,语文学习离不开阅读积累,阅读能力是语文能力的重要组成部分。较丰富的语言积累,良好的语感和思维品质,较好的阅读理解能力和表达交流能力等,是现代高中生应具备的基本语文素质。阅读欣赏要挑一些好的书目,最好以高考大纲推荐的一些课外篇目为主。读后可以写写读后感。

　　3.语言基础积累

　　语文学习无处不在,只要我们细心发现,俯拾皆是。看电视、

报刊和杂志,可以积累语文基础知识等;逛街时,可以积累令人回味的广告词和标语等;旅游时,可以积累人文景观介绍等;回家路上,可以积累街头巷尾精妙的语言和对联等;与人聊天时,可以积累偶尔出现的熟语和歇后语等。我们可以准备一个口袋笔记本,随身携带,随时把你发现的觉得有用的东西记下来。生活中不缺少学习语文的材料,缺少的是发现材料的那双眼睛。

4.写作素材积累

叶圣陶说过:"生活犹如泉源,文章犹如溪流,泉源丰盈而不枯竭,溪水自然活泼地流个不歇。"唐代诗人杜甫有云:"读书破万卷,下笔如有神。"这些都是在告诉我们积累在写作中的重要性。

目前高中学生中对作文不感兴趣或害怕作文的为数不少,究其原因主要是感觉没东西可写。因此不少学生为了应付只能胡编乱抄,写作内容虚假、空洞、乏味,作文中常常出现"假"、"大"、"空"、"抄"现象也就不足为奇。有一本畅销书叫《别笑,我是高考零分作文》,看后令人深思。很多高考生在考场上面对作文苦于"无米下锅",作文兴趣淡漠。甚至以谐谑调侃的方式对待高考,让人笑不出来。

文章要言之有物,就必须积累大量写作素材。如何才能拥有一定数量的写作素材?怎样才能做到熟记成诵?又如何达到运用自如的程度?这些问题已经成为困扰广大高中生的难题。其实,当我们为寻觅写作素材而劳苦不堪时,却往往忽略了"教材"这个巨大的素材宝库。高中语文教材所选篇目具有很强的人文性。只要学生对教材内容熟悉,只要有"教材意识",就能熟练记忆并灵活运用。

学生还应该把目光投向社会。因为社会是个广角镜,它可以为我们提供色彩缤纷的图像、各种新奇的生活场景。我们通过对这些图像和场景的审视与思考,经过酝酿加工,就能以不同形式反映在自己的作文中。这样的作文题材广泛,思路开阔,也就能反映出时代特色。反之,就会如井底之蛙,作文时搜索枯肠,无材料可写,硬

着头皮写，一定写不出优秀习作。

5.生活情感的积累

生活的积累主要是培养观察生活，分析表达能力。2008年广东省高考语文单科状元邓莉莉说："没有必要把语文当作科目来学。考试时课本并没有多少体现，主要是看积累和情感。如果当作科目来学，语文学起来会比较枯燥，但语文是所有科目中跟生活联系最密切的，如果能把个人的情感、身边的感受以及生活的经历带到科目中去，学起来会有趣很多。"

因此，学生在语文学习中就要有意识，有目的地去体验课文中、生活中蕴涵的真情，让美好的情感来感染、熏陶自己的心灵，进而培养良好的情绪状态，真正学好语文。

第五节　数学——高考状元的吃透学科思想法

状元如是说

2006年黑龙江省理科状元，考入清华大学生物工程系的徐峰总结自己高中复习基础知识时，应用了"转化与划归"法。徐峰说："顾名思义，转化与划归就是将一些不熟悉未知的东西转化成我们熟悉已知的结论。我觉得学习正是从无知到有知的过程，因此我们应该充分依托我们已经学过的知识，对没有学过的知识进行分析和整理，才能从我们不熟悉的领域走向我们熟悉的领域。"

数学思想是人的思维活动对现实世界的空间形式和数量关系进行研究而产生的结果。在复习中，要熟练掌握基本的数学思想。

2006 年贵州省文科状元黄厚瀚(考入北京大学经济学院)说,在做一道题之前,我们要有数学思维的意识,不要一下子就落入常规的解题思路中,而是要用某一种数学思想来解答这道题。解答完后或是看完一道题的例解,就要明确用了什么方法、什么数学思想,马上找类似的题加以巩固练习。

1.等价转化思想

等价转化是把未知解的问题转化为在已有知识范围内可解的问题的一种重要的思想方法。通过不断地转化,把不熟悉、不规范、复杂的问题转化为熟悉、规范甚至模式化、简单化的问题。历年高考,等价转化思想无处不见,我们要不断培养和训练自觉的转化意识,这将有利于强化解决数学问题中的应变能力,提高思维能力和技能、技巧。

等价转化要求转化过程中前因后果是充分必要的,才能保证转化后的结果仍为原问题的结果。非等价转化其过程是充分或必要的,要对结论进行必要的修正(如无理方程化有理方程要求验根),它能给人带来思维的闪光点,找到解决问题的突破口。我们在应用时一定要注意转化的等价性与非等价性的不同要求,实施等价转化时确保其等价性,保证其逻辑上的正确性。数学的解题过程,就是从未知向已知、从复杂到简单的化归转换过程。

等价转化思想方法的特点是具有灵活性和多样性。在应用等价转化的思想方法去解决数学问题时,没有一个统一的模式。它可以在数与数、形与形、数与形之间进行转换;它可以在宏观上进行等价转化,如在分析和解决实际问题的过程中,普通语言向数学语言的转化;它可以在符号系统内部实施转换,即所说的恒等变形。消去法、换元法、数形结合法、求值求范围问题等,都体现了等价转化思想,我们更是经常在函数、方程、不等式之间进行等价转化。可以说,等价转化是将恒等变形在代数式方面的形变上升到保持命题的真假不变。由于其多样性和灵活性,我们要合理地设

计好转化的途径和方法,避免死搬硬套题型。

任何数学题目都是由一个或几个基本的、已知的数学问题组成的。考生如果能够把一个未知的数学问题化为基本的、已知的数学问题,那么,这个未知的数学问题就迎刃而解了。

比如,在高考数学试卷的解答题中,一般设问都会分成2至3道小题,这样的题一般可以看做一个未知的数学问题,几道小题则是命题人员为考生排好的、需要循序解答的较为基本的数学问题。一般来说,这几道小题的内容和排列顺序已经给考生提供了化未知为已知的思路。但是,万一前面的小题不会解怎么办?碰到这种情况,考生也不要慌张,可以用前面小题的结论去解决后面的小题。这样,虽然前面的小题得不了分,后面的小题仍可得分。

2.数形结合的思想

数形结合是数学研究中基本而且重要的思想之一。我们知道,用代数方法来研究几何图形(解析几何),用平面向量来研究复数,都是通过数形结合使问题简捷地、完美地获得解决的生动实例。在学习数学时,碰到数量,我们就应想到它们的几何表示;碰到图形,又应想到它们之中的数量关系。数形结合能帮助我们正确地理解题意和分析问题,迅速地找到思路,并且有效地防止重复和遗漏。经验证明,在数学高考中,对于大部分试题,解题时先在草稿纸上画一张草图,就能节省时间。

3.分类讨论思想

在解答某些数学问题时,有时会遇到多种情况,需要对各种情况加以分类,并逐类求解,然后综合得解,这就是分类讨论法。分类讨论是一种逻辑方法,是一种重要的数学思想,同时也是一种重要的解题策略,它体现了化整为零、积零为整的思想与归类整理的方法。有关分类讨论思想的数学问题具有明显的逻辑性、综合性、探索性,能训练人的思维条理性和概括性,所以在高考试题中占有重要的位置。

需要分类讨论的题型主要有以下几类：

①问题所涉及的数学概念是分类进行定义的。如$|a|$的定义分$a>0$、$a=0$、$a<0$ 三种情况。这种分类讨论题型可以称为概念型。

②问题中涉及的数学定理、公式和运算性质、法则有范围或者条件限制，或者是分类给出的。如等比数列的前 n 项和的公式，分$q=1$和$q\neq 1$两种情况。这种分类讨论题型可以称为性质型。

③解含有参数的题目时，必须根据参数的不同取值范围进行讨论。如解不等式 $ax>2$ 时，分 $a>0$、$a=0$ 和 $a<0$ 三种情况讨论。这称为含参型。

另外，某些不确定的数量、不确定图形的形状或位置、不确定的结论等，都主要通过分类讨论，保证其完整性，使之具有确定性。

进行分类讨论时，我们要遵循的原则是：分类的对象是确定的，标准是统一的，不遗漏、不重复，科学地划分，分清主次，不越级讨论。其中最重要的一条是"不漏不重"。

解答分类讨论问题时，基本方法和步骤是：首先要确定讨论对象以及所讨论对象的全体的范围；其次确定分类标准，正确进行合理分类，即标准统一、不漏不重、分类互斥（没有重复）；再对所分类逐步进行讨论，分级进行，获取阶段性结果；最后进行归纳小结，综合得出结论。

第六节　英语——高考状元的稳扎稳打训练法

状元如是说

2008 年江西省高考文科状元陈宇缘认为，基础性是首要目标，只有扎扎实实复习本学科的基础知识，立足主干

知识,建立本学科的知识体系,把主要精力和时间放在练好学科"内功"上,才能在高考中取得好成绩。

　　高中学习过程中,必须培养良好的读书习惯与方法,并且打好基础,循序渐进地学习更高深的知识。如果基础没打好,将无法顺利通过高考这一关。高中是打好英语基础的关键时期,不论是为高考还是为以后的英语学习,高中英语知识都是不可忽略的。从高考的要求来看,高中英语主要应掌握基础知识和做些中等难度的题目。语音知识需多看多记多练,没什么捷径可言。

1.词汇量

　　词汇量的大小是进行阅读的基础,假如词汇量太小,阅读文章中的单词都不熟悉,那么阅读是无法进行的。对于参加高考的同学来说,考纲词汇表上的词汇是必备的,即使不能中英文互译(这还不是最高的要求,最高的要求是要能运用自如),至少也要能根据英文理解其汉语意思。同时还要具备一定的构词法知识,因为现在的高考英语阅读理解题对由考纲内词汇组合成的合成词或派生出的派生词一般不再注中文。除此之外,由于高考英语阅读理解文章只有3%左右的生词,所以,同学们若能在考纲词汇表之外积累一部分常用词汇,对于提高阅读能力是非常有益的。另外,在阅读理解的命题中可能涉及的常用词也需引起注意,如 title(标题),passage(段,节),imply(暗示),attitude(态度,看法),paragraph(段,节),describe(描述),purpose(目的),underline(在……下画线),tone(语气),infer(推断出)等。

2.猜测词义

　　阅读中碰到生词是难免的,所以学会猜测生词词义就显得十分必要。阅读中出现的生词主要有两类:一类是考纲内的词汇,由于考生不熟悉而构成的生词,这类生词实为假生词;另一类是"纲外词"构成的生词。命题者之所以没有对这类"纲外词"给出中文

注释,可能有多方面的原因,如含义比较明显或对短文的中心意思没有多大影响等。面对这些词,同学们应设法通过上下文猜猜它们的含义,即使猜不出它们的具体意思,能猜出个"大概"也行。猜词时,首先根据句子结构判定其词性(是名词、动词、形容词、副词等),然后根据句意判定其含义类型(是学习用具还是交通工具、是动物还是植物、是食物还是用物、是表具体意义还是抽象概念等)。通过这样的判定后,其具体意思即使不清楚,但它表示的大致含义也不会错了。比如有这样一个句子 The man was feeding the baby with porridge. 这里同学们对 porridge 不熟悉,但我们可以根据本句的结构推断出它应是一个名词(用做 with 的宾语),再根据句意(…feeding the baby with…)可推断出它应是一种食物,而且应是一种比较细软的食物(因为是 feeding the baby),而不应是一种粗硬的食物。在实际阅读中我们对生词能推测到这一步就可以了。最后说明一点,在高考阅读理解中凡涉及地名、人名等专有名词一般是不注中文的。

猜测词义的具体方法有很多,同学们要根据具体情况灵活运用。如定义法(即根据文章中的定义关系确定生词的词义)、释义法(即根据文章中所提供的释义关系来确定生词的词义)、因果法(即通过因果关系进行猜测词义)、对比法(即根据文章前后的对比关系确定生词的词义)、构词法(即根据前缀、后缀、复合、派生等构词知识判定生词的词义)、语境法(即根据上下文的语境来猜测生词的词义)、列举法(即通过对文章所列举的事物来猜测生词的词义)、常识法(即根据普通常识推测生词的词义)、类属法(即通过类属来推测词义)、推理法(即根据文章的前后语境推出生词的词义)等。

3.阅读量

新课标对高中各年级阅读量的要求是,高三学生(八级)"除教材外,课外阅读量应累计达到 36 万词以上";高二学生(七级)"除教材外,课外阅读量应累计达到 25 万词以上";高一学生(六级)

"除教材外,课外阅读量应累计达到19万词以上"。"36万词"是个什么概念呢?按现在高考英语阅读文章的长度来算,一篇文章大约300~350词,那么36万词大约就相当于1200篇这样的文章。高中三年,每年365天,三年共365×3=1095天,也就是说,高中三年同学们天天(包括寒暑假和节假日)至少要读一篇三四百词的文章。同学们可以对照一下,看看自己是否达到了这个标准。同时,这也从一个侧面告诉我们,要想提高阅读能力,阅读量是基础。只有上了一定的量,才能找到阅读的感觉,才有可能从本质上提高阅读能力。

4.阅读速度

要想提高阅读能力,阅读速度也是一个重要的基础。现在的高考英语阅读理解通常为2000词左右(含阅读文章与试题及选项),高考考试大纲给阅读理解题分配的时间是35分钟,也就是考生的阅读速度必须达到2000÷35=57.14词/分钟。每分钟57个词,同学们能达到这个速度吗?就算同学们能达到这个速度也还远远不够,因为还有一个不可忽略的重要因素就是,同学们在做阅读理解题时,一般不可能只看一遍就能把所有试题都搞定,有的文章和段落有可能还要看两遍,甚至三遍,有时还要停下来思考,等等。所有这些时间都应算在35分钟内。由此看来,同学们一定要充分重视阅读速度这个基础,在平时练习时就要有意识地培养自己的快速阅读能力。

5.难句分析

正如阅读中会碰到生词一样,阅读时碰到难句也是难免的,同学们在平时练习时应掌握一些对付难句的基本方法与技巧。一般来说,构成难句通常有以下几种情况:

(1)因为结构复杂构成难句。遇此情况同学们应从分析句子成分入手,找出句子的主干(主谓宾),理清各修饰成分(尤其是各类修饰性从句),然后确定句子"方向性意思"。请看从高考阅读真题中选取的一句话:

The measure of a man's real character is what he would do if he knew he would never be found out.

句子虽不长，但有一定难度。句中不仅含有表语从句，而且还有条件状语从句，同时还在从句部分使用了虚拟语气。句子大意为：衡量一个人真正品质的标准是看他在知道自己不会被别人发现的情况下所做的事。

（2）因为结构异常而导致的难句。所谓结构异常指的是句子成分的排列未按正常词序来排列，遇此情况同学们就应想法将异常语序恢复为正常语序。一般来说，导致语序异常的原因有很多种，比如强调，上下文连贯等。请看从高考阅读真题中选取的一句话：

Before 1066, in the land we now call Great Bretain lived peoples belonging to two major language groups.

此句虽不长，但却不太好理解，首先它是一个含有倒装结构的句子，正常的结构应是 Before 1066, peoples belonging to two major language groups lived in the land we now call Great Britain. 另外，句中还含有作定语的分词短语 belonging to two major language groups 以及定语从句 we now call Great Britain。全句大意为：1066 年以前，在我们现在称为英国的土地上，住着属于两个主要语种的民族。

（3）因为省略导致的难句。有些句子假如完整地写出来可能并不难，但在一定的语境中省略了一些成分后它就变难了。遇此情况同学们应考虑将可能省略的成分补充完整。请看一句：

Bob and Annie had not known each other long before they became eager to get married: Bob because he was interested in Annied's beauty and Annie because she was interested in Bob's money.

句子后半部的 Bob because he was interested in Annied's beauty and Annie because she was interested in Bob's money，因为有所省略而变得不好理解，其实它的完整形式应是 Bob became eager to get married because he was interested in Annied's beauty and Annie became

eager to get married because she was interested in Bob's money. 句意为：Bob 和 Annie 熟悉没多久就急于要结婚了，其中 Bob 是因为看上了 Annie 的漂亮，而 Annie 则是看上了 Bob 的钱。

第七节　政治——高考状元的把握学科知识体系法

状元如是说

2009 年广东省高考状元陈嘉琪认为，政治学科的学习，掌握知识体系不但有助于牢固地掌握概念和原理，还能提高同学们的思维能力。她建议同学们在高中的复习，特别是一、二轮复习时，一定要在自己的脑海中有一个清晰、科学的知识网络。

我们知道，蜘蛛之所以能随时捕获小虫，是因为它织的网的结构缜密。假如它东吐一丝，西挂一缕，那就很难捕获飞虫。学习也是如此，只有把握了知识体系，才能使知识更好地发挥效能。

高中政治学习对知识体系的把握要用基本思维方法找到知识间的内在联系，形成知识网络。知识点是零乱的，不利于记忆和掌握，把它们串起来，形成一个体系，彼此联系起来，就有助于知识的掌握，而且知识本身是有内在联系的。我们需要做的是找到并运用一定的方法（一定的思维方法）作为"红线"把知识"串"起来。

一种简便易行的方法是先将课本的知识以课为单位进行宏观阅读。第一遍为泛读，即了解这课都讲了哪些知识，列出小提纲。第二遍为精读，在小提纲的基础上，先从课题或节题（中心）入手，

逐渐细化知识点，认真思考本课或本节为什么包含这些知识，它们分别是从什么角度对本课或本节知识进行阐述的，把能够准确反映知识间关系的内容用尽可能简短的词句甚至用一个词概括出来，用不同方向的箭头将知识连接起来，这样你就可以自己绘制一个知识体系图，这种知识体系能够将知识间的横向、纵向和隐性联系较为科学准确地挖掘出来。如果能经常进行上述工作，既能深入理解知识，充分把握重、难点，还可以提高自己的阅读筛选能力、综合分析能力，为高考做好准备。高考命题都是以大段的时政热点作为背景材料，没有一定的阅读分析功底，很难将问题读懂，答对。扩而广之，你可以对整册书包含的内容进行整理和概括，对一个学科的知识形成宏观的认识。

同时，不能忽视一册书的序言部分，序言是对本书所学内容的整体介绍。在学习的过程中经常把知识置于整体当中去认识。要注意知识的积累，自觉坚持用联系的观点来看待知识，能够经常去寻找新旧知识间的联系。

笔者认为，注重建构知识体系，要学会用多个知识从不同角度去分析同一问题，培养辩证思维、发散思维能力。高中政治所学的知识是科学理论的常识性知识，科学理论是系统化的真理，每一个知识都不是孤立的。由此看来，知识间的联系是非常复杂的，要想比较熟练地科学地驾驭知识间的联系，就要掌握发现知识联系、建构知识体系的一般方法。

针对政治科目的学习，可以运用"是什么（性质、本质等）、为什么（原因）、怎么样（意义或危害）、怎么做（手段和措施）、怎么体现的（在具体材料中）"思考问题的逻辑层次来联系知识。比如"国家的宏观调控"一框就包括"为什么需要宏观调控"、"宏观调控的含义和目标是什么"以及"怎么样进行宏观调控"三个层次；"提高企业的经济效益"一框则是按照"经济效益的含义是什么"、"为什么要提高企业的经济效益"和"怎么样提高企业的经济效益"的层

次展开的。《经济生活》教材的知识组合方法一般是按照"分析与综合相结合"、"归纳(个别——一般)与演绎(一般——个别)相结合的逻辑展开的。比如:先讲什么是"使用价值"、"价值",再讲二者的关系,这是分析与综合的运用;讲我国社会主义市场经济之前,先讲市场经济的一般特征,《经济常识》第二课第二节的三个方框就是按照"演绎法"展开的。

注意矛盾分析法(一分为二、具体问题具体分析、两点论与重点论的统一)的运用。比如第一课第一节,先把商品一分为二:使用价值和价值,然后具体分析二者的内涵,最后确立"价值"应该是重点掌握的对象。第三课第二节"企业的经营者",先全面地分析企业的经营者有三个方面,然后具体分析这三个方面在企业经营中的地位和作用,最后重点分析厂长(经理)的地位和作用以及应具备的素质。

以课本为本、学会看书,加强对基础知识的掌握。在学有余力的情况下看一些参考书,但决不能抛开课本。看书应该做到四看:看目录(经常看)、看序言(总序言和每课的序言)、看内容(大小字、黑体、楷体都应该看)、看小结(课后知识小结是每课知识的浓缩)。看内容、看小结以加强对基本知识点的掌握是基础;看目录、看序言以加强对知识内在联系的掌握是关键。

第八节　历史——高考状元的基础知识"四化"法

状元如是说

　　曹署(毕业于萧山中学,2004年杭州市文科状元。高考总分672分,被北京大学法学院录取)认为,历史要学得

好,多看多背是基础,但如何"背诵掌握基础知识点",曹暑有自己的诀窍。她说,"一个历史事件其实自成一体,首先确定好起始和结束时间,然后根据此事件的特点确定一条可以贯彻整个事件的线索,可以是时间、可以是人物、可以是大事件,然后就像穿珠子一样通过这根线串成一条美丽的项链。"

历史基础知识是能力之本、变化之源、成功之基。所谓能力,就是凭借已掌握的知识去分析、解决未知问题并获得新知识的主观条件。所谓历史学科能力,就是掌握历史基础知识,并以此知识为基础,用辩证唯物主义、历史唯物主义的观点、方法去分析、解决未知历史问题的主观条件。

知识和能力是相互统一、不可分割的。知识是能力的载体。掌握基础知识的程度越高,理解和解决历史问题的能力就越强。没有足够的基础知识作准备,能力只能是空中楼阁。因此基础知识的复习显得尤为重要。

那么,如何做好高中历史科目的复习呢,2007 年吉林省文科状元柏雯瑛(高考总分 674 分,就读于北京大学法语系)总结了历史基础知识复习"四化"法,下面给同学们介绍一下。

1.基础知识纵横化

高中历史科目的基础知识体系是庞杂的,学生们在复习过程中既要温习旧的知识点,还要对新学的内容进行理解整理。采用基础知识纵横化的方法,将会帮同学们理顺知识点。如:在复习中国近代半殖民地半封建社会的开端时,横的方面可以设立"鸦片战争前后西方与中国所处的历史背景有何异同"的小专题,在纵的方面可以设立"中国的半殖民地半封建社会是如何一步一步地确立起来"的小专题;复习明清时期的对外关系时,纵的方面可以设立"明清时期的对外政策、鸦片战争后的对外开放与十一届三中全会

后的改革开放三者之间的比较"的小专题，在横的方面可以设立
"郑和下西洋与新航路开辟之比较"的小专题。当复习某一个历史
事件时，同学们也应从纵横两方面思考。如关于"南京惨案"，从纵
的角度看，它是帝国主义20世纪20年代干涉中国革命的具体表
现，从横的角度看，它又能说明大革命失败的客观原因；又如关于
"安史之乱"，从纵的角度看，它是中国封建社会历朝由强盛走向
衰落的一个缩影，从横的角度看，它集中体现了唐朝兴衰的实质。

　　高三历史第二轮复习时，一般而言，教师会采用专题复习的方
式，把整个历史知识点过一遍。其实这就是一种基础知识纵横化的
方式。学生通过专题复习的形式，有利于提高学习的积极性，建立
完整的知识体系。

2.基础知识线索化

　　很多同学在高三历史复习中常常有这样的感觉：课堂听得清
清楚楚，课后忘得一干二净。零散的历史知识如同一颗颗珍珠，散
落在大脑里。学生往往把握不住历史发展脉络，而死记硬背的一些
知识，常常会在遇到实际问题的时候，抓不着要领。

　　柏雯瑛说，只有把历史的一个个知识点串起来，学习起来才会
感到线索明朗、思路清晰。

　　如复习"北洋军阀统治的建立"一节时，就应抓住两条线索来
讲，即袁世凯怎样一步步建立独裁统治与资产阶级为维护民主共
和制而进行了一系列不懈的斗争；又如在复习春秋战国时期的社
会经济和变革时，就应注意交织着奴隶制的逐步瓦解和封建制的
初步形成两条线索，沿着这两条线索，可以将众多的知识联系起
来，从而达到纲举目张的效果。将历史知识串起来，这是复习的第
一步。复习时，更需要注意深化基础知识，揭示历史事件的本质，
总结历史经验和教训，让自己真正做到以史为鉴，学以致用。如在
复习辛亥革命时，应围绕三条线索，即围绕帝国主义、袁世凯、旧
官僚的活动，使自己认识和总结出一个结论，即中外反动势力的勾

结既是半殖民地半封建社会性质的产物，也是中国近代史上许多革命运动失败的共同原因。在复习 20 世纪 30 年代经济大危机时，应确立两条线索：一条是经济线索，即这场危机在美国、德国爆发的原因、表现和影响；另一条是政治线索，即美国、德国因各自的国情不同而采取不同的政策来克服这场危机，走上了不同的发展道路，对世界历史的发展造成不同的影响。用线索化的方法，能更深刻地认识到政治与经济的关系。通过不断的总结和归纳，对知识的掌握达到了融会贯通的目的，自身的能力自然得到提高。

3.基础知识热点化

高考历史复习中的"热点"，一般有两层含义：一是指与现实中的热点或焦点问题相关的历史事物；二是指高考命题概率较高的历史事物。热点专题复习是高考备考的最后一个环节，一般安排在考前一个月内进行。可以说热点复习的效率和准度，与考生的高考成绩成正相关。

柏雯瑛认为，历史作为一门人文学科，只有关注社会、关注生活，才能真正体现历史的价值。在历年的高考中，高考试题总是以不同的形式与社会现实相联系，通过不同的题型体现出来。所以，在复习历史基础知识时，同学们一定要将其与社会现实联系起来。如复习 19 世纪中期中国被卷入世界市场，它给中国社会的方方面面带来深刻的影响和变化时，我们就要想到中国加入世贸组织后，它又对中国的各方面带来怎样的机遇和挑战？在复习美国的西进运动对美国历史发展的影响时，我们就应联系到目前我国的西部大开发，它与美国的西进运动有何不同？在复习三次工业革命时，我们应联系到中国在这个过程中的表现和地位，以及当前中国实施的科教兴国策略；当我们复习戚继光抗倭、郑成功收复台湾、雅克萨自卫反击战时，我们可以联系当前的"台湾问题"和"一国两制"政策，等等。把过去的历史与当前的社会问题联系起来，原本枯燥无味的历史就变为有血有肉的历史，这样也有利于提高自己

学习历史的积极性。

4.基础知识问题化

不懂，就要问清楚问明白，问了之后还是不太清楚，就要继续问，直到弄清楚为止，务必把一个个知识点理解透彻。通过请教老师同学，我们就能把不懂的问题学会，掌握更多的知识，才能更好地应对试题的考验。

如：我们复习完"中国的抗日战争"这一章时，可以提出这样一个问题："如果蒋介石不发动内战，他会成为中国民族英雄吗？"在复习完"文化大革命"这一章时，也可以提出这样一个问题："如果毛泽东不逝世，'文化大革命'会结束吗？"在复习完三国时期的历史时，也可以提出这样一个问题："三国时代与秦汉相比到底是历史的进步还是历史的退步？"在复习完第二次世界大战后，我们又可以设想这样一个问题："如果德国先于美国研发成功原子弹，世界反法西斯同盟能取得第二次世界大战的胜利吗？"在复习完戊戌变法后，我们还可以设计这样一个问题："如果慈禧太后支持变法，戊戌变法会取得成功吗？中国会走上资本主义道路吗？"总之，把已经发生的历史，通过提问的方式让自己重新进行思考，有利于培养独立思考的能力。这样在解答历史分析题目的时候，也会有话可说，有观点可讲。

有道是，人世间没有空中楼阁。历史学作为一门人文科学，也要从最基础的知识学好，才能构建博大精深的历史科学殿堂。同学们在借鉴以上几点方法的同时，更要在平时仔细听老师讲每一节课，对每一历史事件的起因、经过、结果、影响等都要听清楚、理解透，为以后的复习奠定基础。切忌盲目赶进度，吃夹生饭，否则将后患无穷。

第九节　地理——高考状元的抓"概念"重"消化"法

状元如是说

　　2009 年广东省高考地理状元晏宏标认为,地理要重视概念的掌握,学习时一定要熟练用图看图,要从图上获得知识,要懂得用图来增强记忆,要养成从图表上获取地理信息的能力,人文、自然要分别有不同的学习方法。自然像理科,要对原理搞清楚,人文则像文科,要学会归纳。

　　地理科目的学习,尤其要重视对概念的理解和消化。只有概念清楚了,判断、推理问题才能正确无误。同学们要把那些特别容易混淆的概念罗列出来,一一对比其差异。诸如:天体、天球,日冕、日珥,近日点、远日点,恒星日、十太阳日,角速度、线速度,时区、区时,短波辐射、长波辐射,气旋、气团,天气、气候,寒潮、寒流,矿物、矿产、矿床,岩溶、熔岩,生态系统、生态平衡、生物群落,地质作用、地质构造,国土、领土,等等。当然,概念学习不是孤立的,要在分析和解决问题的过程中进行。

　　1.消化课本,举一反三

　　(1)先将书读厚。在书上做读书笔记,加上自己的理解或找出自己的疑点。一定要认认真真地先把课本知识啃透。

　　(2)再将书读薄。将知识整理归纳形成主干,构建自己的"思维导图"。思维导图是指用图示的方法来表达人们头脑中的概念、思想和理论等,把隐性的知识显性化、可视化,便于思考、交流与

表达。它是由节点、连线组成的知识网络图,其中节点表示概念,连线表示概念之间的联系,用节点和连线组成的网络知识结构表示某一个主题及其层次。

(3)做到举一反三,寻找同类地理事物的一般特点和规律。在复习中要跳出教材的局限,适当拓宽知识面,在思考问题时,有一定的铺垫,能触类旁通,思路灵活。

2.消化事实材料,广博活用

地理学习中,要在掌握必要的地理事实材料的基础上用滚雪球的方式把知识全面掌握,并且做到活学活用。

例如,复习气团时就可以和气温、降水、气压、风、等压线、高压脊、低压槽、大气环流、冬夏世界特别是我国气压分布的总格局,以及对我国气候的影响,冷锋(包括快行冷锋、慢行冷锋、静止锋)在我国的表现等一系列问题挂钩进行综合练习,然后抓住精髓的东西去深刻理解和验证。上述问题就是气候要素在不同气候因素的综合影响下产生的复杂变化,这样的读书习惯,可谓是落实到一个"活"字上了。

3.消化地图,抓住核心

地图是地理独有的知识载体,地理知识、原理、规律,以及考核形式都集于地图一身,掌握了图就把握了地理脉络。学习地理要掌握使用地图的方法,养成读图、用图和收集地图的好习惯,"左书右图,图文并茂",从地图中获取知识信息,发现知识、提高技能。地图是工具,也是最好的老师,同学们养成了使用地图的习惯,学习地理就会学得轻松、学得有趣,才能学好地理。只要掌握了正确的读图方法,培养良好用图习惯,形成基本的地理技能,你就已经掌握了学习地理课的最重要的工具。

复习可从地图入手,把地理分布、地理规律都落实在地图上。如:复习中国地理,可看 10 方面地图,即:中国政区图,中国地形图,中国气候图(气温、降水量),中国水系图,中国资源图(森林、

矿产、水能、旅游资源等),中国农作物分布图,中国工业分布图,中国人口、民族、城市、商业中心图,中国交通图,中国自然保护区图等。逐一看图、记图,甚至画图,中国地理的基本知识就掌握了。

此外,适当做一些地理各种考试图形的练习。如:地理景观图、地理剖面图、地理原理示意图、地理漫画图、地理数据图、地理结构图、地理等值线图等。熟悉这些图的特点和解法,是考好地理所必备的。

2006年湖南省文科状元高焓(就读于清华大学外语系)针对地理科目地图的复习,提出了简化地图法。此法能很好地消化对地图知识的强化阅读。

所谓简化地图法,即根据学习的需要,把地图做简化处理,删去大量繁杂的图例,只保留有关知识信息的方法。通过简化图的构思设计,达到突出重点、有利记忆、反映动态、易于理解的目的,并更深刻地揭示地理现象之间的内在联系规律。

高焓说,对地图承载的信息要分析、加工、分化、改组,提高其精度,缩小范围,排除干扰。高焓给出了以下方法:

(1)以示意图为基础,先易后难,如铁路采取干线为本,枢纽填准,变曲为直的办法,就易掌握。

(2)用单色笔和多色彩笔勾画插图,然后再和地图册对照。这样先看"黑白"后看"彩电",可起到突出重点,互相弥补的作用。

(3)对难记内容进行强化,揭示区域图的关键点,如在图例练习课和快速查图比赛中可不停地揭示,如"水电站应画在水库的上游还是下游?""基尔运河是在国界上通过吗?""石太线的中点是哪个矿区?""吴哥窟画面上有几个塔?"等等。

(4)抓住文字特征,简化信号。如在学习朝鲜东部港口时,同学们可以边看图边吟诵"清津金(策)、咸兴兴(南)、无山(釜)山",这样,省时省力又好记。

第十节　物理——高考状元的全面覆盖打基础法

状元如是说

　　尹鹏(北京大学生命科学学院生物化学及分子生物学系学生,2007年河北省高考理科状元)认为,物理是一门理论性很强的学科,有众多的概念和规律。在高三复习中,课本应是立足点。读书,一定要读透,不要只是走马观花、浮光掠影地翻一遍;也不要对知识死记硬背,生吞活剥。在复习课本时要做到全面覆盖,书中的插图也要去认真研究,比如说一幅实验器材的插图,就要联想到这件实验器材的用途等。而且复习时要突破教材对知识的分类,自己要做好专题整合,比如将力、电各版的图像进行总结和综合,做一个图像专题。同时,还要加强数学知识在物理中的运用能力,比如图像的运用、导函数思想的运用等。

　　在高中,对基本概念、基本规律的要求一贯是高考物理考查的主要内容和重点内容,主要考查考生在理解的基础上掌握基本概念、基本规律和基本方法,并要求深入理解概念和规律之间的内在联系。浙江省理科状元章捷琼认为,学习物理还是应该重视课本,虽然物理试卷中的计算题的难度远远大于课本中的例题,但是我们不能轻视课本。我们重视课本是为了深刻地理解物理中的概念、定律、规律,弄清楚每一个规律的适用范围。而实际上,不少同学存在着这样的表现:概念、定义都知道,但一用就错,试卷上表

现为选择题得分率低。这些都与基础较差,对物理概念和规律的理解不够有密切的关系。而近几年的各地高考试卷中的物理试题也都明确反映出重视基本概念、规律考查的特点。

1.要理解概念的确切含义

物理学习,死记硬背概念是没有任何意义的,也是徒劳的。正确理解物理概念才是高中物理学习的根本。正确理解概念的确切含义,可以为学生的观察力、想象力、思考力的发展提供有利的条件。

有不少物理概念非常抽象,学生在听课过程中,不可能对这些概念理解得很透彻。复习中在已有认识的基础上,要拓宽认识,加深理解。以温度的微观含义为例,温度是物体分子做无规则热运动平均动能的标志,复习时要重点从以下三方面对这句话加以梳理。

(1)气体、液体和固体分子都做无规则热运动,同时又各具特点。

(2)平均动能和平均速率不同。

(3)温度是平均动能的标志意味着从温度就可确定分子平均动能的大小。

梳理过程中,可举一些典型的例子加以说明。如:同温度的水和水蒸气分子的平均动能相同;分子平均动能相同的铜和铁温度相同。同学们要自己体会温度的确切含义,只有这样复习才能起作用。

2.从整体的高度归纳所学的知识

物理复习时要从整体的高度重新归纳所学的知识,抓住重点,了解知识间的纵横联系,形成知识结构。如复习力学知识时,要了解受力分析和运动学是整个力学的基础,而运动定律则将原因(力)和效果(加速度)联系起来,为解决力学问题提供了完整的方法,曲线运动和振动部分属于运动定律的应用。动量和机械能则从空间的观念开辟了解决力学问题的另外两条途径,提供了求解系统问题、守恒问题等更为简便的方法。有了这样的分析,整个力学知识就不再是孤立和零碎的,而成为研究运动和力的关系的有机整体。

3.典型问题要系统化

物理学中有些规律贯穿在中学物理复习的始终。处理这些内容要注意跨章节的连串,在连串的过程中,既要能看到各部分内容的特点,又要能找到共同点,这样便于系统地掌握所学知识。例如能的转化和守恒定律就贯穿在整个中学物理课本的始终,各部分内容虽然外形不同,但实质都遵循能的转化和守恒定律。在机械能守恒中,动能、重力势能和弹性势能相互转化:$\Delta E_P = -\Delta E_K$;在热传递过程中,内能在物体间转移:$Q_放 = Q_吸$;在改变物体内能过程中,机械能和内能相互转化 $\Delta E = Q + W$;带电体只在电场力做功的情况下运动,电势能和动能相互转化 $\Delta E_P = -\Delta E_K$;闭合电路中电源消耗的能量转化为电能,电能在内、外电路中转化成其他形式的能:$I\varepsilon t = I^2rt + I^2Rt$;在电流的热效应中电能转化成内能:$Q = I^2Rt$;光电效应中电能转为电子的能量 $mvm^2 = h\gamma - W$;原子跃迁的过程中,原子的能量和光能相互转化 $h\gamma = \Delta En$。这些内容现象不同,规律的表达式不同,但都可以通过能的转化和守恒定律串起来。这种串和连是把中学物理课本"由厚变薄"的手段,也是提高复习效率的有效途径。

4.以基本实验技能为基础

以基本实验技能为基础,弄清实验名词、原理和方法。多数同学在做实验题时生搬硬套,不敢越雷池半步。究其原因是对实验不够重视,以致实验名词的真正含义弄不清,做起实验题心中无数。如不少同学把理想电流表和标准电流表混淆,理想电流表在电路中电阻为零,示数为通过它的电流值,标准电流表只要满足其示数为通过它的电流值即可,一般不能把内阻看成零。吃透了这些概念,在高考中才能灵活应变。复习实验时要把这些易混淆的问题逐一摆出,一一点拨。

北京大学技术物理系学生楚军说,物理同化学一样也是一门实验学科,但同化学相比,它的理论部分所占的比例要高很多。所

以学习物理也要从最基础的概念、理论着手,对物理概念尤其马虎不得,要仔细抠每个字的含义,一丝一毫的错误都有可能导出完全相反的结果。但物理不同于数学,它毕竟是一门实验学科,对实际情况的想象有时对解题很有帮助。如果脑子中已有了正确的物理场景,那么解起题来就会事半功倍。所以明确的草图有时就成了解题的关键。

第十一节　化学——高考状元的循序渐进打基础法

状元如是说

2006年河北省理科状元赵威(就读于清华大学计算机系)在谈到化学学科学习的时候认为,要根据自己的学习情况制订合理的学习计划,使复习有计划、有目的地进行。既要全面复习,更要突出重点。要多看书,抓住教材中的主要知识精髓,特别是中学化学的核心内容,如物质结构、氧化还原反应、离子反应、元素化合物知识、电化学、化学实验、化学计算等。复习要注重基础,加强对知识的理解和能力的培养,力求做到"记住—理解—会用"。要针对自己的学习情况,查漏补缺,有重点有针对性地复习。

1.课前要充分预习

可以说,化学是"一门实用的、创造性的科学"。作为理科必须平时脚踏实地地打好基础,认真上好每节课。课前预习十分重要,通过预习对所学知识有一定的理性认识,能让学生在课堂上交流

讨论时更有针对性。

课前预习,概括起来就是"读、画、写、记"。"读",是指养成课前预读的习惯,能根据预习提纲带着问题读懂课文,归纳含义;"画",是画出重点、要点、关键词句。"写",是把自己的想法、疑点写下来,带着想不通的、不理解的问题去听课。"记",是把重要的概念、定义、性质、用途、制法多读几遍,记在脑子里。古人说,疑者看到无疑,其益犹浅,无疑者看到有疑,其学方进。

例如,刚上高一时,有的同学对"摩尔"这个概念的掌握和使用感到困难。这时候,通过提前预习就可以先一步对这一概念有直观了解。而如果课前预习不做好,上新课时同学就会心中无数,过多地依赖老师,只是茫然地跟着老师的讲课思路走,忙于记笔记,难有很好的听课效果。

2.课内学习培养能力

课内学习是搞好学习的关键。同学们在学校学习最主要的时间是课内。在课内这段学习的最主要时间里,有些同学没有集中精力学习,有些同学学习方法不讲究,都会在很大程度上制约学习水平的发挥。

(1)认真听课:注意力集中,积极主动地学习

当老师引入新课时,同学们应该注意听听老师是怎样提出新问题的;当老师在讲授新课时,同学们应该跟着想想老师是怎样分析问题的;当老师在演示实验时,同学们应该认真看看老师是怎样进行操作的;当老师对本节课进行小结时,同学们应该有意学学老师是怎样提炼教材要点的。

(2)记好笔记:详略得当,抓住要领来记

有的同学没有记笔记的习惯;有的同学记多少算多少;有的同学只顾记,不思考。这些习惯都不好。对于新课,主要记下老师讲课提纲、要点以及老师深入浅出、富有启发性的分析。对于复习课,主要记下老师引导提炼的知识主线。对于习题讲评课,主要记

下老师指出的属于自己的错误，或对自己有启迪的内容。在书的空白处或直接在书里画出重点、做上标记等，有利于腾出时间听老师讲课。此外，对于课堂所学知识有疑问，或有独到的见解要做上标记，便于课后继续研究学习。

3.强化实验的复习

化学是一门以实验为基础的学科，实验的基本操作和基本技能是高考考查中的重点。因此，实验的复习是非常重要的。实验复习必须有的放矢、突出重点。这个"的"就是"考试说明"所规定的考查内容，而重点就是历年来高考试题中所反映的考试内容。

（1）实验复习必须集中和分散相结合，提高重要实验的复现率

这里所说的"集中"，就是集中复习实验的基本操作和技能，集中复习一些综合性的实验专题，集中归纳总结实验知识。而"分散"则是指一些性质实验、制法实验、验证或探索性实验等应分散到元素化合物、有机物、基本理论等的复习过程中去。通过实验，进一步理解元素化合物等知识，进一步理解相关的实验原理，提高运用实验手段解决化学问题的能力，节省复习时间，提高考试成绩。

（2）训练发散思维以增强实验设计能力，提高信息迁移水平

实验方案的设计往往有许多途径。为了适应高中学生的知识能力水平，课本中的某些实验可能不是最优的方案。所以在实验复习中要根据实验原理来设计实验步骤和装置，掌握一些装置和仪器药品的替代方法，力求使设计的实验仪器简单、操作便捷、节省试剂、现象明显、安全防污等，培养和增强实验设计能力和创造性思维能力。近年来，高考实验题中新情境试题不断增多，这类试题的特点是将基本的实验操作设计置于新的情境中（主要是高中课本没有的新反应或新装置或是能使中学生理解的最新科技知识、简化的改进的装置等），结合学生原有的知识和能力，进行仪器组装、现象描述、数据分析、考虑安全和防污等，用来考查考生自学能力、思维能力、分析综合及评价的能力。由于这类实验试题情境新

颖、设问巧妙、铺垫得当、知识新、思维量大,所以区分度很好,能确实将一些基础扎实、自学能力强、思维敏捷、心理素质好的考生选拔出来。所以,新情境实验试题将是今后实验试题的命题方向。

第十二节　生物——高考状元的理论联系实际法

状元如是说

2007年云南省理科状元邓侃认为,生物学习要理论知识联系生活经验,这样才能灵活运用知识解决实际问题。高考生物试题一般是"源于教材,高于教材"的,涉及面广、信息量大,与实际联系密切。因此,在复习备考中要加强理论联系实际,尤其要关注当今社会热点、焦点问题。生物学是以实践为基础,以应用为目的的学科,学用结合才是生物学的重要学习目的。

在谈理论联系实际之前,还是要强调把课本先吃透。2007年北京市理科状元林茜(就读于北京大学)介绍了自己复习生物学科的一些感受。

"其实我刚开始生物也不好,后来老师说要认真读书,因为书上有很多话都可能变成考点,所以我就把那三本书认真读了,而且不止读一遍,有很多重要的东西都背下来了,而且我做过一些总结,比如说光合作用的发现者有多人,是一步一步发现的,这虽然不一定是一个考点,但是我认为在复习的时候是没有重点的,所有都要看到,所以我就把发现者按照年代记录下来,总结出十几页的东西,复习时看我总结的那些东西就可以了。

下面,把 2008 年贵州省高考理科状元邹基伟在生物基础知识学习中总结的三种方法介绍给同学们。

(1)图表法。如绿色植物新陈代谢的综合表,有氧呼吸和无氧呼吸的比较表,绿色植物新陈代谢中四个部分之间的关系以及遗传物质基础知识之间的关系的图解表等。

(2)纲要法。是指在总结时,将每章或每单元中的重要知识提炼出来,用精练的词语加以表述。这样,用极少的词语可以代表很多的知识内容。例如,学习第一章中有关有丝分裂一节后,在总结时,既可以把有丝分裂过程中染色体的规律性变化作为知识的重要线索提炼出来,也可以用精练的词语表述染色体的规律性变化。表述时,可把细胞有丝分裂间期染色体的变化,用"复制"来表述;细胞分裂期前期染色体的变化用"浓缩"来表述;其他的时间是:中期"排列"、后期"平分"、末期"复原"。这样,在总结时,提炼出这五个词语,共十个字,即可掌握有丝分裂过程的主要内容。

(3)衍射法。此法是指通过思维的发散过程,以各章节或单元中的某一重要知识为核心,把与之有关的其他知识尽可能多地建立起联系,并以图表的形式表达出来,以灵活理解、全面掌握和运用知识的方法。此法借用了"衍射"一词,表示展开、延伸、放射的意思,与物理学中"衍射"的概念是不同的。例如,针对生物课第一章的总结,可以以"细胞"为核心,衍射出:①细胞的概念;②细胞的发现;③细胞学说的建立;④细胞的化学成分(可再行衍射);⑤细胞的分类;⑥真核细胞的结构和功能(可再行衍射);⑦原核细胞的结构;⑧细胞的分裂(可再行衍射);⑨细胞的整体性,等等问题。这样,就把一章的知识要点总结出来了。

我们知道,生物学的理论知识与自然、生产、生活都有较密切的关系。在生物学学习中,要注意联系这些实际。联系实际的学习,既有利于扎实掌握生物学知识,也有利于提高自己解决问题的能力。

当今的高考改革的目的是更加适用化,提高学生"学以致用"

的能力,而高考三个"有利于"的思想则是其真实体现。近几年理综高考的重要特点之一便是科技应用类试题比例不断增大。热点信息题的出现是高考改革的必然产物,在未来的高考中这一点会继续体现。多关注生活、关注社会,利用所学知识去解决遇到的、了解到的各类问题。高考生物试题是以现实生活中的有关理论和实际问题进行立意命题的,力求比较真实和全面地模拟现实。

复习时,要从各种媒体中获取生命科学发展中的重大热点问题,如人类基因组计划、航天生物学、干细胞技术、艾滋病、非典型肺炎(SARS)、生态农业、禽流感及最近 H1N1 流感等与生命科学息息相关的问题,培养提取有效信息、编码信息、迁移信息的能力。针对生物学科的复习,要做到以下三个联系。

1.联系自然实际

居住地附近的农田、草地、树林、花园、动物园、庭院都会有许多动植物,学习有关知识时,到这些地方去参观考察,对理论知识的理解和掌握大有益处。当学习生物与环境的知识时,更要想到保护当地的动植物资源和保护周围的生态环境。

2.联系生产实际

生物学中的许多原理都和工农业生产有密切的关系,学习这些原理时,就要考虑它能否帮助解决一些生产上的问题,这样做有利于原理的掌握。

3.联系生活实际

生物学知识与生活实际的关系更直接、更普遍,所以在生物学学习中密切联系生活实际就更为重要。生活实际包括已有的生活常识和未来的生活行为两类。生活常识可帮助我们理解生物学知识,生物学知识也可以指导我们的生活行为。

成功来源于扎实的基础,任何一门学科都如此。因而平时重基础,扎扎实实打好基本功对每一位学子来说都格外重要。长风破浪会有时,直挂云帆济沧海。打好扎实的基础,才能笑傲高考。

第三章

高考状元教你各科学习好方法

学习方法的优劣是学习成败的关键，要想取得理想的学习效果，必须掌握科学、高效的学习方法。针对高中的各科学习，清华北大高考状元给你支招。

第一节　高考状元解读语文复习

状元如是说

　　2008年陕西省高考理科状元滕少华,高考语文单科成绩145分。滕少华认为,学习语文是一个积累的过程,不可一蹴而就,只有长期的积累才能使语文学得更好。积累也需要大量地阅读与背诵,当我们空闲的时候,读一读好的书籍或文章不仅能丰富知识,还能陶冶性情。不过,不能只是读,还要思考,我们应准备一个记录与摘抄的本子,在阅读的过程中将遇到的好词好句抄下来,并不时地看看,让它们变为自己的东西。当遇到疑点、难点时,也要记下来,与旁人讨论,听取别人的看法。这样才会有所长进,水平才会提高。

　　对于高考生来说,语文是一门难以准备的学科。不论文科生还是理科生,都要面对同一份试卷;试题非常灵活,与课本联系较少;作文分值很大,考查学生文学知识、语言技巧、思想深度等多方面能力。因此,即使是那些高考状元,语文也很难像数学、英语一样,考一个很高的分数。不过,任何学科都是有规律可循的。我们要从那些考高分的状元们那里挖掘到关于这门学科最普遍意义

的东西,最重要的是能为自己所用。

1.注重基础知识的积累

语文的学习,用一个成语来说,可谓是细水长流。语文基础要打牢,必须一步一个脚印。知识积累,需要时间。按要求在三年时间内达到目标的,不要压缩到一年甚至半年来"速成",应该把目标分散到每一天的学习中去。

语文学习是一个长期的积累过程,大部分知识的获取都要靠平时的积累。2005年湖南省文科状元陈博坦言,自己从小就有意识地注意语文知识的积累。同时,平时可以试着多读一些经典作家的经典文章。这些看似和学习没有多大关系,但在不知不觉中我们提升了自己的欣赏品位和鉴赏水平,打开了自己的思路。在考试时,他人的好语句、好事例我们都可以运用到自己的作文中。长期的积累,对于语文考试是非常有帮助的,在考场上,我们就可以发现自己的思维很开阔,文思泉涌。

陈博说,自己一般用积累记忆法来掌握一些基础知识,比如字、词和一些诗词的记忆。这种方法的主要做法是,将平时老师讲授或自己学习时遇到的一些字词的音、形、义和一些名篇名句随时记到自己的笔记本上,然后每隔一段时间进行一次总结,将这期间积累的东西进行归纳,这样日积月累就可以掌握很多零散的、不容易集中记忆的知识。比如高考语文的基础知识题主要考查字音、字形,这里面涉及的字词一般都比较生僻或者不容易记忆,如果想在很短的时间内集中记忆大量字词的音、形、义,效果通常不会太好,而如果分散记忆,每天都掌握一定量的字词,长期积累就可以获得质变。

(1)基础题考查,靠平日积累

安徽省理科状元耿泉在2008年高考中语文考了122分,现就读于清华大学电子信息科学类专业。耿泉对于语文基础知识的复习深有感触。他有个习惯,就是平时备一个"知识本",记录常考的

字词。耿泉觉得,汉字的音形义以语文教材、权威词典为准,不要盲目迷信教辅。对于容易混淆的多音字、形近字,要及时归纳,集中记忆;文言字词要注意其特有的用法,多归纳实词意义、虚词用法、古今异义、字词活用、特殊句式;成语要结合典籍中的原句、典故记忆,牢记关键字的意义,才不会望文生义。要归纳常见病句、常见标点,掌握相关题型的设题方法。为了规范使用中文,课余可订阅《咬文嚼字》等优秀刊物,认真阅读,勤做笔记。

(2)常用成语词语提前积累法

2005 年北京文科状元易萌认为,常用词语和成语的用法是基础知识考查的重点,属于记忆型题目,不需要太多思维技巧。但很多时候,当同学们随着老师的复习进度开始记忆词语和成语时,大家的记忆力与精力往往因为前一时期高强度记忆字音字形的训练而处于疲劳状态,效率容易下降。一些同学更因为前一阶段的基础没有打牢而不得不一边上新课一边补旧课,从而使这一部分并不艰深的知识成为自己的薄弱环节。有鉴于此,对于常用成语和词语的复习最好在复习字音与字形时就适时展开。易萌坦言,自己在遇见诸如“曲尽其妙”或“用行舍藏”之类的成语时,在了解其关键字的读音时也会同时查出其意义,并注在字音记录表或字形记录表的空白处。这样在复习字音字形时自己就已经积累了一批常用词语和成语,当正式复习词语和成语时,即使老师赶进度,自己也能相对从容地安排这一阶段的复习。

(3)意义辨析法

2005 年贵州省理科状元罗远航说,对于字音和字形的复习可以用意义辨析法。他认为判断一个字的字音或者字形是否正确,通过其意义进行判别更加简单有效,且容易理解,做题的准确率也会大大提高。举个例子,错别字字形辨识是通过一些相似的字让你判断其字形是否正确,罗远航的方法便是根据其形旁进行判断,因为汉字有很多都是形声字,不同的形旁就代表着不同的意义。比如

"怙恶不悛","悛"字是竖心旁,大概和人的心理有关,而"逡巡"的"逡",是走之底,根据形旁这两个字就可以很容易区分了。

（4）零碎时间积累古诗词

许子辰是泉州五中2007届理科毕业生,高考成绩696分,泉州市理科状元,其中语文单科137分,为泉州市语文单科状元。许子辰坦言,自己从高三开始,每天都会利用零碎时间背诵古诗词,除了课内要求的一定要记,其他的就自己找些唐诗、宋词、元曲来读。这些内容其实不需要占用很多时间,一般三餐饭后都有几分钟到十几分钟不等的消化时间,不会马上"开工",正好拿来背诵古诗词。背诵古诗词的好处很多,首先,高考有古诗鉴赏题,多背些古诗词对这道题有帮助;其次,对写作也很有裨益,很多名句可以运用到作文里,增加行文中的文化气息。

2.阅读环节,多加强训练

高考阅读部分一般分为古文阅读和现代文阅读,由于阅读的文章都不是我们曾经见过的,做起来有难度,因此在平时做题时应该多加强训练。陕西汉中高考文科状元,2002年高考语文得了141分的张赟,针对高考语文阅读环节的复习总结了如下两点经验,供大家参考。

（1）吃透文言文:课本打基础,课外多涉猎

高考所选取的文言文虽来自课外,知识点却均出自课内。实词、虚词、句式、古今异义等,知识点零散,但如果善于分类,善于总结,并且活学活用,就一定能够"课内开花课外香"。在平时的学习中,要注意分类总结,把课文中所涉及的知识点都记录下来,进行强化记忆。当你读到来自课外的一些文段时,就不会感觉陌生。所以说,文言文的学习重点还是在课本。课本必须仔细读,经过多次认真的精读,尽量熟悉每一个词、每一个句子的用法,掌握特殊的句法,如使动用法、意动用法、被动用法等。

张赟坦言,高中课本中的文言文自己几乎每一篇都下工夫去

精读。每册课本一般都有两个文言文单元,每个单元肯定有一至两篇文章是这个单元的重点,对这一两篇重点文章,自己会下大力气去把每一个字、每一个词、每一个句子的用法弄得清清楚楚。只有对这些基础知识了然于心,才能在阅读的过程中真正地做到活学活用。

课外,张赟主要把精力集中到介绍人物的文章上,《史记》《资治通鉴》等是他经常翻阅的古籍,把阅读文言文变成一种习惯,可以锻炼自己对文言文的语感。在阅读《史记》的时候,张赟觉得比较简单而且有趣,因此就读得多一些。但是《资治通鉴》文字比较艰深,他就选择其中的一段,认真研读,直到弄懂。即使是在高三的时候他仍然坚持课外文言文阅读。由于有了平时的积累,他在高考做文言文题目的时候就能轻松自如。

(2)把握科技文:随时跟进现代科技常识

在阅读文言文的时候,有的字词句可能会看不懂,而现代文阅读在字词上的困难相对文言文要少得多,但是还是有许多同学不能理解文章的含义,正确回答问题。张赟觉得造成这种情况的原因在于:做题前没有相关的背景知识,道理没有想通,虽然表面上文字没有困难,字认得、词学过,但是句子背后的意思却参不透。比如涉及转基因工程的文章,这一类科技文往往采用一种模棱两可的句法提问,问题都采用文章中的原话,如果没有真正弄懂什么是转基因工程,当然就无法做出正确回答。

因此,对于现代文的阅读,尤其是科技文章的阅读,在平常的复习中,要注意相关背景知识的积累,以便在考试中能够从容应对涉及某些专业知识的科技文章。历年来的高考阅读文章,现代文阅读设题往往非常巧妙,在回答问题的时候,要注意设题的角度,才能找准答题的方向。在阅读科技文时,千万不要浮躁,一定要沉下心来审题,把每一个句子弄懂,然后搞清楚整个文章的逻辑联系,这样理解整个文章才能水到渠成。

3.写好作文,拿下半壁江山

谁都知道作文在语文考试中的分量,要想写出一篇高分作文,也不是一朝一夕的事,更不可能往考场上一坐,信马由缰,就能来一篇满分作文。写好作文,需要真功夫。

(1)作文可以通过记日记的方式来训练

2005年吉林文科状元孙田宇,当年高考语文单科成绩132分,作文拿了满分。孙田宇说,自己主要通过日记来练笔,把平时生活中发生的那些大事小事都以日记的形式记录下来,或者把日记写成读后感、观后感。比如看完一本书、一些杂志、某个电视节目都会有一些感受,那就写出来,记在日记本上。平时经常写日记的话,写作文的思路往往来得很快,可以从平时的日记里获得很多素材,如果灵感和日记契合上了,下笔就觉得不费事,写得顺畅流利。长期这样记日记,对作文水平的提高有很大帮助。此外,孙田宇也建议广大考生找一些和自己写作风格比较相近的范文,学习它们的长处。

(2)作文要注意提升思想深度

2005年山西理科状元陈敏坦言,自己以前写作文只是堆砌一些华丽的辞藻和优美的词句,用大段空洞的排比造势,后来发现这种作文得高分的偶然性很大,去掉一些浮夸的内容后,真正有思想的东西很少,而思想的深度才是作文的精髓。古人说,腹有诗书气自华。这里的"诗书"并不仅仅是指一些比较华丽的词句,更多还是指有思想深度的书。高中生尚未步入社会,思想不会太深刻,但也绝不那么简单,对人生、对社会肯定都有自己独到的见解,关键是如何通过训练在作文中把这些思想表达出来。此外,陈敏建议考生还应该多读一些文章,尤其是一些杂文,在放松精神的同时思考一些学习之外的事情,对人生、对社会形成自己的看法。有思想的人不仅下笔会透出一种深度,而且整体语文水平甚至个人气质都会有所不同。

（3）多多练笔训练应试作文模式

2008年江苏省高考文科状元杨清嘉认为，应试作文与一般文章的写法有很大区别，应严格训练，根据不同题目选取不同的立意和结构。尤其在高三时要根据自己的情况摸索出适合自己的应试作文模式，并了解不同类型题目的写作方法。杨清嘉在高三时结合个人情况和高分作文固定结构，探索出一个适合自己的命题作文模式，并应用在高考中，在当年的高考中取得了较好的效果。

第二节　考好语文有窍门

状元如是说

　　来自西乡中学的高考考生邓莉莉语文科目以137分的好成绩名列广东省语文单科第一名，成为2008年广东省高考语文单科状元。她说，做诗歌赏析题时，除了靠平时的阅读积累外，尽量把自己放到诗人所在的时代及其经历中去，这样能更易于理解诗人的感受。做文言文阅读理解以及现代文阅读理解时，邓莉莉建议学弟学妹们尽量把握时间，先用较短时间通读一遍，再根据后面的题目有针对性地阅读。

　　各个省份的高考，都把语文作为第一场考试。这是因为语文是百科之母，语文能力是一个正常的社会人所应具备的最基本的能力。但是，语文又是一个不容易考高分的科目。许多人往往就是因为第一科语文考得不理想，直接影响了后面几科的考试。

因此,掌握语文考试技巧,最大限度地发挥语文考试的积极效应,从而考出真实水平,就显得非常重要。其实,如果掌握了正确的答题技巧和写作文的手法,你会发现,语文考高分并不难。

通常,语文试卷都是由三部分组成:基础知识题、阅读题和作文题。基础知识题是比较容易得分的,难在阅读题,而作文得分高低很大程度同命题难易度有关。提高语文成绩,除了本人平时学习积累、备考阶段知识链的构成和思维能力提升外,重在临场解题方法的得法。如果一切顺利,超水平发挥也有可能。那么,首考语文,如何稳中求好呢?

1.基础知识题:把握词意—句法—语脉

语文基础知识题,考查的是考生识记现代汉语普通话字音、现代汉字字形,理解和运用词语、识别句子、修改病句,识别和运用修辞方法,标点的使用法以及文学和文体常识、背诵名句名段。实际解题,要抓住语言基本知识点、它们之间的相互联系,从整体上把握语句表述的主旨和展示内容的语脉。这样就能够正确解析题意和解答题目。

具体答题方法有四:

(1)正确掌握句子分析法

单句成分分析和复句结构分析,是语法基础知识的根。语法知识又是分析理解句意的基础。考生要切实掌握单句和复句的分析方法,熟练运用词、短语、句的组合知识,应对考题就有了一个扎实的运作根底和由此及彼迁移知识的台阶。

(2)强化语境感悟力

试题所要测试的语言知识都是隐含在语境中的,而语境是由语句凝成的。因此,解析基础知识题,要注意抓住以下切入点:①弄清词意。语句是语言的本质单元,语文基本知识点大多能从句中找到。句意主要是由句中中心词表达的。词意弄清了,句意和语境的含义就能凸现,就有了一个思考答题的语言背景。②从修辞着手

理解句意。修辞设题较多,考生熟悉修辞格对读懂词意和句意会有很大帮助,有利于顺利得分。③从逻辑着手。修改病句,一是分析语法,二是从句意着手,分析其内容表述在逻辑上合理与否,往往能正确解题。④从感情色彩着手。对句意的理解和辨析,也会运用到感情色彩和语体色彩知识。在答题无法入手时,应用此知识有时能迎刃而解。⑤从标点符号入手。对句意的理解,有时还涉及标点符号知识。同一标点在不同的语境中,句意就有了不同的表述。所以能熟练地运用标点符号,对解答语言基础知识题也很有用处。

(3)学会语意脉形思考

语言的隐含意是通过上下文语意的安排来体现的。试题提供的前后语句,在语意上总有内在的联系,会从某一角度透出相关信息。考生思前顾后抓住语脉,能由此及彼获取准确答案。

(4)熟练掌握排除法和比较法,提高选项准确率

选择题的答案就在选项中。考生在读清题意的基础上,要先用排除法将被选项的负面信息迅速筛出,排除负项;接着用比较法排除模糊负项,并由此验证答案,成功率是很高的。

2.语段阅读题:掌握面—点—线析题技巧

语文阅读题是语文能力考查的难点。阅读文章有三类:一类,现代社会科学和自然科学类。考试要点是:①理解并筛选信息,②判断说明对象的特点,③把握题材组织的顺序和归纳要点,④理解关键语句的含意和相互关系。二类,现代文学作品类。考试要点是:①把握思想立意和文学形象,②理清作者的感情线索和构思特点,③理解核心句意和重要词语的含意,④鉴赏表现手法。试题经常要考到的表现手法有:铺垫、先抑后扬、先扬后抑、象征、对比、描写以及抒情等多种方法。三类,古代诗文类。考试要点是:①对作品形象、思想和情感的感悟,②语言特色赏析,③表现技巧点评,④运用常用文言词法和句法对文言语句进行翻译。

解题的有效方法是:从把握语段整体着眼,在所要解答题目的

要点上落脚,在组成语境的前后语句线上找答案。掌握以下方法,对提高成绩会有很大帮助。

(1)阅读题一上手,先不读考文内容,而是倒过来,先仔细研读要考生辨析文章立意的选择题,这类题目往往被安排在最后一道。审读相关选项,可以获取文章中心思想的信息暗示,能有效扫清阅读理解文意的障碍。

(2)通读全文,边读边思考:文章主旨、要点、结构、表现手法、关键语句含意,并用画线法标出。

(3)回头再审察题意,明确要求,判定考题限制条件和答题方向。有些题目是引用文中原句的,就应在文中把考题画上线,便于上下文联系思考。

(4)以考题为线索,定向搜寻信息,确定其所在阅读区间;辨析、梳理题目与答题所需信息之间的关系,正确作答。

3.古诗文赏折题

古诗文赏析题的解答,也有思路可循。下面,我们来看看2002年甘肃省高考理科状元高晋总结的三个关键点:

(1)抓诗眼

诗歌是语言的艺术,古人写诗特别讲究"炼字"。一句诗或一首诗中最传神的一个字、一个词一般是动词、形容词。如"悠然见南山"中的"见"字,"红杏枝头春意闹"的"闹"字等,使诗歌生动形象,境界全出。

(2)抓意象

诗作中作者所写之景、所示之物,这客观的"象"与作者借景抒情的"情"、咏物所言的"志"完美结合。古诗词中的意象往往是约定俗成,有规律可循的,例如:"梅花"是高洁品格的象征;"月亮"代表思乡之情;"鸿雁"是传书的信使等。有时诗人还会创造一群意象,如马致远的《秋思》就创造了11个意象,用"断肠人"这一中心意象来表达思归怀远的秋思。

（3）明意境

意境是文艺作品中和谐、广阔的自然和生活图景，渗透着作者含蓄、丰富的情思而形成的能诱发读者想象和思索的艺术境界。优秀的古诗词都创造了具有广阔艺术空间的意境。诗歌意境（情景）关系往往比较多的是寓情于景、触景生情、情景交融。意境特点有：慷慨悲壮、雄浑苍劲、恬淡自然、雄浑壮观、悲壮苍凉、孤独冷寂等。可见，抓住这几个关键处，我们就可以穿越语言屏障，迅速触摸到诗人的心灵世界，走进诗的艺术境界，解诗答题。

在解答古诗词鉴赏题时，还要特别注意以下几点：一是紧扣要求，不可泛泛而谈；二是要点要齐全，要多角度思考；三是推敲用语，力求用语准确、简明、规范。

4.作文题：重视立意限制，注重稳中出新

高考作文有 A.基础等级分，B.发展等级分两类。

（1）要重视基础等级分

获取基础等级分，文章在"题意、中心、内容、结构、语言、文体、书写"七项要件上必须抓稳。以下几点应引起重视：

其一，审题。高考作文是命题作文，严格审题是应试作文最关键的一步。扣题能力其实就是审题能力，审题能力强弱直接体现考生作文水平高低，因此，扣题行文常是高分作文一个既"普通"又重要的特点，语言表达流畅，加之扣题行文，往往能得到一个比较高的分数。如果作文扣题，"天马行空"，"一行白鹭上青天"，得到的分数会让你欲哭无泪。2009 年某校一高三学生参加高考，她的英语成绩为 140 多分，而语文却只有 70 几分，她无论如何不相信这个语文成绩，去省招办查阅，一查便晕倒了：作文只得 20 分。非常明显，该考生一定是离题了。

其二，立意。这是应试作文的灵魂，是组织题材，构思结构，行文成篇的基础。意有高下雅俗之分，高考高分作文看重高雅。立意要多一点"大我"，少一点"小我"；多一点境界，少一些市侩；多一

点旷达,少一点庸俗;多一点责任,少一点敷衍。比如你老是写自己小学的事,写初中升高中的事,动不动就哭鼻子,文章里面充满的是怨气、流气、俗气,作文立意就上不了境界,得不到高分。立生命的意,立天地的意,立情感的意,根据命题要求展开思维,检索相关题材,进行判断—推理—想象,提出自己的见解,用准确、简洁、鲜明的语言表达观点,就能精准地立意。成功的立意,往往有现实的启示性,要求小中见大,鲜明而有个性。当然,立意也忌讳大而不当,根底不实,因为大角度的思维开拓,构思容易飘忽,弄得写作材料也无从取舍组合,作文很可能失败。

其三,结构。结构由内容确定,但典型结构要学会运用。比如,议论文,第一段要表述立意的背景,说清楚为什么要论述这一问题。在此基础上提出立意,接着对立意进行简要解释。第二段对立意(中心论点)进行论证。先通过过渡句引出议论内容,运用因果论证,通过说理证明论点正确。现在考生的说理能力相对较弱,往往摆一摆问题的表面现象,就算议论了,不会运用分析语言。其实,分析问题,就是运用事理的逻辑关系进行判断推理,抓住"特殊和一般"、"个性和共性"、"表象和实质"、"偶然、或然和必然"、"原因和结果"等因子间相互关系进行讨论,很容易拓展思路。在此基础上进行举例论证就顺理成章。其他论证方法还有引用论证、比喻论证、正反对比论证。最后一段,要从整体上对文章进行合乎逻辑的总结,尽量同时代精神挂起钩,体现考生立意的现实意义。把握好文章结构,就能自然地组织题材,表现手法也能落到实处,行文也会通畅。其他文体也有规律可循,考生可自行总结。

其四,语言。考生的作文水平集中体现在文字运用能力上。一般来说,高分作文的语言都有一种生命的律动,都是心底流出的溪流,潺潺、淙淙,给人以灵动,给人以清纯。能用准确、简洁、完整、通顺的语言组织材料、拓展思路、表达主题,是获得基础等级分的必要条件。考生要改正语言啰唆、重复,前后脱节、缺少呼应的毛

病。高考作文,有一点学生特有的书卷气,是很讨巧的。仍以议论文为例,语言最好有些随笔杂文味。既注意说理的逻辑性,在例证时,又注意嬉笑怒骂的形象性,会使考文生动,能引起阅评者的兴趣,有利得分。要使文章思路通畅展开,熟练运用关联词语很重要。之所以……,是因为……;如果不这样……,那么就会……;即使如此……,也不能……;不但这样……,而且还……,这样的表述,行文会显得活泼,能收到较好的语言效果。

(2)努力争取发展等级分

高考作文如何稳中出新,争取得到发展等级分,对高考语文成绩的提高是很有意义的。那么,如何稳中出新获取作文高分呢?

其一,避俗求新。这里说的避俗求新就是立意构思,要做到人无我有,人有我新,人新我变。避什么,考生要避开一些习惯性的思维,要避开一些套话,老话,避开学生腔,避开八股调。

有一个小故事:一个葡萄园四面都有很高的围墙。一只老狐狸在四周仔细找,终于找到了一个洞,但是洞太小了。老狐狸做出了一个重大的决定,绝食三天让自己瘦下来再进去。葡萄园的葡萄真的是世界上最好吃的了,老狐狸吃了三天,可它吃肥了,结果出不来了,无奈它只好又绝食三天,又瘦得跟进去时一样了,这才从那个洞爬了出来。读完这个材料,有些同学会马上想到,生命的价值在于追求理想和目标,不应该无谓地浪费时间和生命,这是一般的立意。其实同学们完全可以试着换一种角度去立意,可以从生命的价值在于体验,在于参与,是否得到与失去并不重要的角度着手。这就叫避俗求新。

其二,另类结构。只要题目允许,像戏剧、童话、寓言、诗歌、对话录、新闻报道、广告、合同、主持人节目实录、日记、书信、诊断书、序言等另类形式都可以使用。一般的内容,用新颖的形式包装一下,好比新瓶装旧酒,会别具一格,引人注目。形式是内容的载体,什么样的内容决定了什么样的结构;而出彩的结构对内容的表

达又有张本作用。富有特色的另类结构，往往能使阅卷者倍加关注。例如 2008 年江西省高考优秀作文《有时，我也想写一本书》，用结构相似的美句领起文章中的每一个板块。这些美句既可独立成段，也可放在段首。三个文段前的句子从不同方面突出了要用青春写好人生这本书，认真过好每一天的主题，文脉清晰，布局精美，从而获得了高分。

其三，亮点表现。每年每省市的考生多达几十万，在如此众多的考生中，如何才能使你的作文让阅卷老师眼前一亮，这就需要你的作文有"亮点"，有"精彩"之处。一篇作文，如果有一到两处精彩的地方，就有可能由基础等级进入发展等级。亮点表现手法是作文的活力所在，表现出彩，文章就显得生动。一首名为《站在黄花岗陵园的门口》的古体长诗，在 2009 年湖北省语文高考中被阅卷老师评为"最牛满分作文"。《站在黄花岗陵园的门口》全文千余字，其中大部分用七言韵文写就。该考生别出心裁，让阅卷老师眼前一亮。

最后嘱咐，写作文之前，一定要在心里打好腹稿，如果时间充裕的话，可以打个草稿。另外，字迹一定要工整，避免错别字。高考作文阅卷，每个老师都不可能花很多的时间在一篇作文上面，往往先有个印象分。而若考生的卷面上涂改严重，字迹潦草，相信是不会让阅卷老师喜欢的。

第三节　高考状元解读数学复习

状元如是说

北京大学国际关系学院学生李宏霞认为，数学是同语文差异很大的基础学科，它着重培养我们的理性思维能力。

数学学科复习的重点是所学定理定论的灵活运用。数学方面的复习参考书名目繁杂，需要我们在教师的引导下慎重选取，尽量做到少而精。数学的模拟试卷很重要，它从题型和题量两方面体现了高考数学的模式，所以我平时很注重对模拟试卷的总结，从每一道做错的题中发现自身的不足。是计算不够精确，速度不够快，还是理解上有偏差，思维不够严密，找出失误的原因，然后再有针对性地进行训练。

数学是思维的体操。"粒子之小，火箭之速，化工之巧，地球之变，生物之谜，日用之繁"，处处都闪烁着应用数学的光芒，高度抽象的纯粹数学也有其深刻而动人的美丽，堪称艰深难懂而璀璨美丽的艺术。然而数学也是令大多数考生头疼的科目，很多人怕学数学，不知道如何学好数学。

事实上，不管是文科生，还是理科生，数学成绩的好坏在很大程度上都会影响一个人的高考成绩。我们可以把高中的数学分为几个大的"板块"：一是函数板块，二是三角板块，三是立体几何板块，四是解析几何板块，五是数列极限板块，六是排列组合板块，七是复数板块。其中第一、二、四板块尤其重要，比较难的大题大多出自这三块，因此可以多下一些工夫。复习时可以先按照大的板块复习，争取搞清每一个板块的各种题型，并做到能熟练地对付每种题型。这可以找一本系统复习的参考书来练习，最好是能跟上老师复习的进度并稍超前一些，复习起来就比较轻松了。虽然大家都不提倡"题海战术"，但这并不意味着不做足够数量的习题就能把数学学好，这一点必须引起注意。买的参考书和老师布置的习题一定要尽自己的力量做。

关于做题难度的选择问题，北京大学生命科学学院学生贵州省高考理科状元胡湛智认为，首先，高考题的难度分布为30%的简单题，50%的中等题，20%的难题。这意味着基础题占了120分，

它是复习中练习的主要部分,决不能厌烦它。须知,高考不仅考对知识的掌握程度,还要考做题的速度,许多同学就是因为在考场上时间不够,丢掉了平时能做出来的中等难度题才考砸的,这些教训值得大家三思。鉴于此,胡湛智建议大家在中等以下难度的题上多花时间。做难题并非做得越多越好,只能根据自己的情况适量地做。一是因为对大多数同学来说做难题感到很头疼,做难题过多容易产生厌烦情绪;二是做难题过多太费时间;三是因为大多数难题是由中等难度题组成的,基础题做熟练了,再来做难题会相对容易些。

另外,还要特别重视画图的作用。数学中几乎所有的内容都可以用图形给予直观简明的表示,因而常使烦琐的题目简单化;特别是,通过图形发现的一些几何关系有时正是解题的关键,因此要掌握各种函数图像的特点,达到熟练的程度。

学好数学关键在于思考。看似枯燥无味的数学公式,细心品味其内涵与外延,也能触摸到深刻的美丽。数学教材要通读,从最基本的概念出发,一步步推导出美丽的结论,前后勾连,交织成严密的知识网络。记忆公式要学会举一反三,注意不同条件下结论的变化,掌握公式的推广和特例,衍生出解决问题的有效模式。

清华大学自动化系学生楚军总结了在数学复习过程中的几个要领:

1.掌握概念和定理

掌握概念和定理是最初的一环,重要性不言自明,然而却常常被人们忽略。这是由于这些数学概念表述往往很简单,看一遍就可以记住。然而记住并不意味懂,与应用更是相去甚远。概念之间是相互联系的。如果头脑中只有一个个孤立的概念,解题时必然找不到思路。因此,学习或复习时就要努力建立这些联系。比如复数 $a+bi$($a, b \in R$),想到这个概念,首先应该想到复平面,然后是复数的向量表示,模与方向;复数加减——平行四边形法则,复数乘

除——旋转与伸缩；复数乘方——连续旋转与连续伸缩，复数平方——等分圆周，如此等等。这代表了一个方向，即将抽象的代数概念放入具体的坐标系中，考查它的几何意义。这不仅有助于理解，而且借助图形的形象性正是解复数的思路之一。另一个方向是考虑复数集，它与实数集及其他数集的关系；复数相等、复数共轭与其他数集中的相等与共轭有什么相同点与不同点。这不仅有助于澄清概念，而且将复数概念延伸出去，与实数联系起来，也是一种"温故知新"。

2.要有一定量的习题训练

虽然不主张搞"题海战术"，但要有一定量的习题训练。如果平时没怎么动手练习，即使明白思路也不一定能正确计算，所以需要做一定量的题来提高做题的熟练度、速度和正确率。另外，做一定量的题，会使你更熟悉考点，明白出题者想考你什么，便于你更快地解题。比如说，你每种题型只做过一次，那么每道题你都会花很多时间且不一定做得对。但假如每种题型都做过 3～5 道，那么再遇到这类题时，就会知道解题方向，知道该采用哪种方法。

对于错题和没做出来的题，则要搞懂答案的解题思路，并和自己的思维方法作对比，看看问题出在哪一环。只有这样，做过的题才算真正消化吸收，变成了你自己的东西，否则下次碰到同类的题又束手无策，那就白练习了。所以，学好数学要在背熟公式、原理的基础上，通过典型例题的训练，从中掌握一些题型的基本解法和某些特殊技巧，以不变应万变。

3.要学会联想

数学贵在联想，即基础理论和基本方法的综合、灵活运用。基础理论指的是书上的定义、定理和公式。基本方法不外乎综合法、分析法、图像法、三角代换法、归纳法、构造法等有限几种。《高考大纲》也明确规定：高考不考查特殊方法。考生可以观察，每一道再复杂的题目，用的都是平时学过的最基础的理论和最基本的方

法,难就难在运用上。

4.复习方向要明确

复习中重点要提高的是以常规思想、常规方法解决问题的能力。当然掌握一些巧解、妙解或非常规重要思想(如图像法、代换法、构造法、待定系数法等)是有必要的,但不能刻意追求,近年高考题的选择题中,可以用特殊值法、猜值法、排除法等解决的题目越来越少。况且,从历届高考题可以看出,可以用巧妙方法解决的问题用常规方法也并不困难。从命题者的命题角度看,他们考的是常规方法。总之,只有牢固掌握常规思想、常规方法,才能在高考中做到得心应手。

5.要不耻下问

只有平时对知识透彻理解了,才能保证在做题时不在概念上出现偏差。有不明白的地方,必须及时向老师或同学请教。

多数学校把高考前两个月划为复习的第三阶段。在这个阶段中,每隔一周便有一次模拟考试。考试间隔的几天中,老师在课上分析试卷,对试卷中暴露的问题做出复习指导。也就是通过模拟来练兵(感受一下高考)和查漏补缺。但对于每个考生来说犯的错误是不同的,老师强调的只是同学们犯的错误中较典型的那部分。这就要求考生对老师没分析过的错误加以分析,有必要可以翻开关于这方面内容的笔记式习题,重新复习一下。

另外,笔者在这里嘱咐很多考生,不要在心理上畏惧数学,觉得自己压根学不好。考生要多一些自信,学习数学千万不要害怕。要培养对数学学习的兴趣,变被动学习为主动。

第四节　考好数学要把握四大关系

状元如是说

　　2005 年安徽省高考理科状元,被清华大学电子信息科学类专业录取的耿泉同学认为,数学学习还有一个小窍门是"记住小结论"。所谓的"小结论"是指本身性质定理是正确的,但在课本上没有明确提到的结论。这些"小结论"在解大题时不能直接使用,但在解选择题和填空题时可以直接使用。这些小结论主要来自三个方面,一是上课时老师总结的,二是在学习奥数时学到的,三是平时在做题时总结的。例如,三角形的外心 O、重心 G、垂心 H 三点共线,且 G 分向量 OH 的比为 $1:2$。从某种意义上来说,掌握的小结论越多,解题的速度就越快。

　　数学是一门基础的工具学科,内容丰富,题型灵活多样,学起来有一定的难度。比起其他几门功课,数学是客观性较强、评分的伸缩性也较小的一门,因此数学是最容易丢分的,但也是最容易拿分的。如何在高考有限的时间内充分发挥自己的水平,对每个考生来说都是很重要的一件事。

　　一位多年活跃在教育一线的数学老师认为,高考的性质与平时的训练不同,高考的形式也与平时的作业有很大的区别,如时间的限制性,分数的选拔性,评分的阶段性等,都要我们采取一些不同平时的解题策略,他向考生们提出了考好数学要把握的四个关系:

1.审题与解题的关系

有的考生对审题重视不够,匆匆一看就急于下笔,以致题目的条件与要求都没有吃透,至于如何从题目中挖掘隐含条件、启发解题思路就更无从谈起,这样解题出错自然多。只有耐心仔细地审题,准确地把握题目中的关键词与量(如"至少","$a>0$",自变量的取值范围等等),从中获取尽可能多的信息,才能迅速找准解题方向。

2."会做"与"得分"的关系

要将自己的解题策略转化为得分点,主要靠准确完整的数学语言表述,这一点往往被一些考生所忽视,因此卷面上大量出现"会而不对"、"对而不全"的情况,考生自己的估分与实际得分差之甚远。如立体几何论证中的"跳步",使很多人丢失 1/3 以上得分,代数论证中"以图代证",尽管解题思路正确甚至很巧妙,但是出于不善于把"图形语言"准确地转译为"文字语言",得分少得可怜。考生只有重视解题过程的语言表述,"会做"的题才能"得分"。

3.快与准的关系

在目前题量大、时间紧的情况下,"准"字尤为重要。只有"准"才能得分,只有"准"你才可不必考虑再花时间检查,而"快"是平时训练的结果,不是考场上所能解决的问题,一味求快,只会落得错误百出。考生适当地慢一点、准一点,可多得一点分;相反,快一点,错一片,花了时间还得不到分。

4.难题与容易题的关系

拿到试卷后,应将全卷通览一遍,一般来说应按先易后难、先简后繁的顺序作答。近年来考题的顺序并不完全是难易的顺序,因此在答题时要合理安排时间,不要在某个卡住的题上打"持久战",那样既耗费时间又拿不到分,会做的题又被耽误了。近年来,数学试题已从"一题把关"转为"多题把关",因此解答题都设置了层次分明的"台阶",入口宽,入手易,但是深入难,解到底难,因此看似容易的题也会有"咬手"的关卡,看似难做的题也有可得分之

处。所以考试中看到"容易"题不可掉以轻心,看到新面孔的"难"题不要胆怯,冷静思考、仔细分析,定能得到应有的分数。

第五节　高考状元解读英语复习

状元如是说

　　2007年海南省文科状元,现就读于北京大学光华管理学院的林婵娟认为,英语作为一门语言,和汉语一样,拥有自身的文化背景。许多同学感到学习英语很吃力,就是因为不了解它作为一门来自西方文化的外语所存在和使用的背景。毕竟我们生活的世界和西方文化有很大差别。而学习语言必须有语感,而语感不能单单靠读几个单词,几个句子就能获得。她的建议是,在高一或者高二,英语学习难度开始加深而学习压力还不太大的时候,在课外时间找一些英文发音中文字幕的好莱坞大片来看。并不要求能一下子听懂每一词每一句,而是在观看中感受西方人的思维方式与发音方式,从而得到在课堂上学不到的语感。

　　也许你正为你的英语成绩太差而忧心忡忡,尽管你可能已经倾注了大量时间和精力,却还是收效甚微。有的是因为基础不好,有的认为自己学得不错,但仍得不了高分。究其原因,笔者认为主要就在于英语语感差,知识掌握得不够扎实,没有真正领会,以及做题时方法不得当。

1.培养英语语感

下面看看北京大学英语系的学生陈小凌是怎么培养英语语感的。

陈小凌认为学好英语不是一蹴而就的事情，需要长期的日积月累。她觉得学好英语的关键是把握语感（这和林婵娟的观点很一致），一旦掌握了语感，做选择题和完形填空就觉得顺理成章，即使说不出道理也能选对答案。

那么，怎么才能培养良好的语感呢？陈小凌认为：

第一，要多大声朗读，朗读是一个培养语感的好办法，有助于在解题没有明确依据的情况下提高答案正确率。正所谓"拳不离手，曲不离口"，每天抽出 20~30 分钟跟着磁带大声朗读课文或其他阅读材料，不仅能使自己的语音更准确，而且不知不觉就能把课文背下来，这样背课文就不是一种折磨，而是自然而然的事情了，并且不容易忘记。由于高考题多数来自课文，所以背会了课文做起题目来自然游刃有余。

第二，要多阅读英文材料，扩大词汇量，提高语感，掌握主要英语国家的文化背景。陈小凌从初二开始一直坚持阅读课外读物，如简易英语名著丛书、《英语画刊》、《学英语》等。她坚持每天抽出一小时左右读英语。采用两遍阅读法，第一遍只需囫囵吞枣、掌握大意，培养自己不借助字典的阅读能力。这对以后做完形填空和阅读理解很有帮助，通过瞻前顾后揣摩文章的意思也能锻炼自己的逻辑思维能力。第一遍查出生词，画出重要的词组或语言点，回味文章深层次的含义。这一遍巩固了已学过的知识，又能掌握一些新的用法，时间长了，词汇量会大为增加。陈小凌不赞同靠背字典来扩大词汇量的做法，这种方法毫无乐趣，由于是死记硬背记得也不牢。有人统计过要真正记住一个单词必须在不同的场合见到 16 遍，而只有大量阅读才有可能做到这一点。

第三，看英文电影和听英文歌曲。虽然这对中学生来说有一定难度，但反复听、配合情景也能听出一些东西，英文电影还提供大量关于英语国家的语言文化背景，对理解英美等国的风俗、生活方式，以及特殊的幽默感都大有裨益。

2.以课本为主，打好基础

英语科复习可能是大家倾注时间最多的科目，它和语文一样，要靠平时的积累。如果你在一开始学至初中毕业都学得不错，到了高中就会轻松得多。英语的功课如果欠了"债"，也不要急，要依照积累的规律循序渐进地加以提高。

北京大学哲学系学生，曾经的安徽省蒙城英语状元戴云明认为：在复习阶段没有那么多时间，还是应该以课文为主。首先应该梳理从初一到高三的语法，各种时态的变化，要注意归纳分清。然后复习课文，重点是词组和惯用法，因为这些是生命力最强又最容易出错的。复习时可找出以前做过的试卷或练习，看看以前的错误，以免重犯。其次，将从初中到高中的书上的词组、常用词组、重要句型、重点词的搭配用法等做一系统的整理，尤其是动词、形容词的用法。这项工作的工作量比较大，但不要怕难，因为它是提高英语能力包括应试能力的一个非常有效的手段。这里，广大考生还要注意以下几点：

（1）在复习书上的课文时，必须养成按照句意断句的习惯，不要一字一断或随意断句。记忆单词时也要联系词组或书上的句子来记，孤立地背单词，往往效果不佳。

（2）在复习语法时，可以参照一本英语语法书，以便全面深入地了解语法知识。其实中学阶段所学的语法内容都是一些基本的知识，如冠词、名词、形容词或副词、V-ing 或 V-ed、各种时态、语态等。

（3）在复习词法时，可以借阅那些字迹端正、态度认真的同学的笔记看一下，有时你会发现你存疑或疏漏的地方，仅看你自己的笔记效果不是太好，至多只能巩固，却不能扩大知识面。笔者认为在学习方面不应该保守，而应该相互帮助，相互提高。词法主要包括各类词组的固定搭配及电话、问候、致谢、道德等习语，如：put up with，look forward to，with pleasure 和 My pleasure fall fast asleep

等等。这些需要考生在大规模突击时要善于发现问题。只有带着目的地突击才会收到事半功倍的效果。

当然，作为英语学科来说，听说训练也是高考考查的一项重要内容。清华大学经济管理学院学生，2009年湖南省高考理科状元张雅丽同学在这里给广大考生两点建议。

（1）在闲暇的时候尽量多用英语进行交流，最好能在同学之间形成一种说英语的气氛，大家聊天的时候尝试着说说英语，写日记或写信的时候用用英语，这样不仅能培养英语的表达能力，对学习英语也很有帮助。

（2）反复听一盘听力磁带。从有些部分听不懂到全部听懂，再到能把一部分背下来，这就是一个提高的过程。从简单的磁带开始，逐步加深。平时还可以听英文歌，不仅放松自己，也可以熟悉外国人的发音习惯，在不知不觉的模仿中提高口语水平。

正如不懂中国文化就不能理解"中庸之道"、"墨守成规"一样，缺乏西方文化常识就难以理解什么叫"This is my Waterloo！"（"这是我的滑铁卢！"指一次失败）。因此，要想把英语学深学透，必须把英语不仅仅作为语言，而且作为文化去感悟！而这，也许是英语学习最有魅力的地方。

第六节　考好英语两大注意点

状元如是说

北京大学国际金融专业学生，福建省文科状元王峰认为，在临场考试时，考好英语的关键在于时间安排。如前面

的音标、词汇、选择填空较简单，就应快速通过，而后半部分完形填空、阅读理解，作文比较难而且所占分数比例大，就应把大部分时间放在这部分。别忘了，至少最后要拿出10分钟左右的时间来核对答题卡与试卷是否相符。

高考英语要想取得好成绩，答题技巧很重要。答题顺序不一定按题号进行。可先从自己熟悉的题目答起，从有把握的题目入手，使自己尽快进入到解题状态，产生解题的激情和欲望，再解答陌生或不太熟悉的题目。若有时间，再去拼那些把握不大或无从下手的题。这样也许能超水平发挥。

1.把握解题的节奏，注意方法

2008年广东省高考英语单科状元皮辰冬（总分650分，英语单科145分）认为，高考考场上时间极为宝贵，根据自己的高考经验，考场上遇到实在无能为力的题，宁可放弃也不能耽误太多时间。

单项选择要看清楚题干再做题，既要瞻前又要顾后；碰到个别难题，不好判断的题可采用排除法；题目是疑问句的，可先变为陈述句；含两个空的题，先确定有把握的那一个答案；建议考生把时间控制在10分钟以内。

完形填空第一遍粗做，大概看一遍文章，可确定很少一部分的选项；第二遍仔细阅读，几乎所有的选项都能做出来；第三遍再仔细阅读，认真检查选项，把个别遗留问题解决。

阅读理解题的特点是题量大、分值高、题型多。

首先，不要改变自己的阅读习惯。有的考生先看题目后看文章，有的考生先看文章再看题目，平时怎么练，考试就怎么做。临时改变习惯，效果往往不好。

其次，英语阅读最关键的是集中注意力。如果在阅读时注意力不集中，那么上下文的理解，之间的因果联系，还有时间关系就把握不清楚，而且印象也不深刻，在做题时，往往又要倒回去再阅

读,这样不仅会占用很多时间,而且获得的信息也不是很准确。

做阅读时最好一边读一边将认为重要的部分画下来,这样做题时容易找到依据,节省时间,正确率也高。而对于长的文章,可以先读题,带着问题找答案。特别要注意问题中一些特别的词,如not、except 等,以免在考试紧张的情况下发生粗心的情况。

短文改错首先做题要讲究规范,一定按要求改。做时先将全文通读一遍,弄清文章大意;判断对错不但要从本行、本句考虑,还要顾及全文;如感觉一行有两处错,应将较有把握处改正;每行无论多词、缺词或错词,做题时只能动一个词。高考改错题允许不设正确行,若有则只有一行;错误设在拐弯处和起首处最容易被忽略,应提高警惕。

写作要注意留够时间,至少需要 20 分钟。仔细审题至关重要,仔细研究所提供的文字和图画(图表)材料和作文要求,分析、提炼要点,理顺要点,确立基本的写作思路,不要忽略任何一个词,关键词更不能遗漏,构思好写几个方面,缺一不可;一般分为三段,有头有尾,比较完整;写作时应尽量用学过的英语句型和词组,少写长句和复杂句以免弄巧成拙。

2.写作要扬"长"避"短",语言地道

2009 年四川省高考文科状元,英语单科 142 分,现就读于北京大学的刘梦羽同学这样总结了高考英语写作。

她说,英语作文拿高分,通常的办法是扬"长"避"短",也就是写一些复杂的句子,把文章内容写得更丰富,因为这可以体现考生的英语上了一定的台阶,而不是滞留在只能用简单句子完成写作的水平上。具体地说,有三种途径。

第一,在一句话中尽量写全相关的各种要素。如像记叙文,有时间、地点、人物、事件、原因、结果六大要素,写作时要能够在一个总括句里清晰地把这些内容都表达出来。

第二,善于扩充内容。如看图写作,题目和图画只给出了要

点,考生完全可以根据要点的提示进行扩充。先拟出必须要写的几点主要内容,而后以每一个点为中心,进一步观察,寻找图中的细微内容,增加细节描写;同时联系各幅图画间的关系,展开合理的想象,把叙述的情节写得更翔实更生动。

第三,在句式上做变化。首先要把长句和短句交替使用,因为总是长句让人看起来会比较费劲,而且难免在个别词语搭配上出错。其次,有意把普通句型改换成特殊句型,如强调句、倒装句、感叹句、省略句,以及使用从句。

第四,巧用连接词和短语,把短句连成长句。如表示结果的词,有 therefore、thus、as a result、so 等;表示举例说明的短语,有 for example、for instance、just as、that is to say 等。这种方式不但做到了扬"长"避"短",而且让文章显得更加连贯,逻辑更加严密。

实际上,句式的变化和连接词、短语的使用,可以从阅读中轻松得来。在平时,可以一边阅读一边用记号把看到的有特点的句型勾出来,最后再模仿它写一两个句子。还有一点,为了让语言更活泼更丰富,可以适当地在文中插入一个成语或一句谚语,当然要是标准的英语表达而不是中文式的呆板翻译,再灵活使用个别的交际英语表达,努力让整篇文章做到语言地道。

英语学科和语文学科一样,有其共性。特别是在写作这一块,要写好一篇作文,在高考中取得令人满意的高分不是一件轻而易举的事情,非得下一番苦功不可。笔者在这里再补充几点,希望对考生在高考考场上拿高分有一定帮助。

(1)紧扣主题,突出重点

动笔之前,针对提示的文字或图片必须先认真审题,组织内容,构思提纲,理顺思路,切忌偏题,离题,东拉西扯,不得要领,一定要避免累赘烦琐、条理不清、重点不突出的失误。

(2)表达正确,文字流畅

强调使用课本上学到过的单词、词组、佳句,确保文章简洁通

顺,切忌随便使用从文曲星或词典上找来的冷僻单词,特别强调的是必须避免使用不规范的中文式表达,受欢迎的作文是用词用句实实在在、朴实无华、清晰流畅的文章。

（3）结构规范,时态无误

准确判断时态,语态的应用,不能交叉混杂,这部分则能充分反映学生的思维判断能力,正确的时态、语态将为作文润色不少。

（4）单词、标点无误

注意单词拼写、标点符号,避免细节上的失误。错拼和自造单词均会对成绩造成不良影响。

作文成绩在高考中起着至关重要的作用。另外,高考作文要求字数为 120 个以上,笔者认为控制在 150 字左右为妥,若字数太少会给人以考生水平低下,草草了事的感觉,而且也无法表达清楚较深层次的思想。

第七节　高考状元解读政史地复习备考

状元如是说

2006 年重庆市文科状元,考入北京大学光华管理学院的蔡妮芩认为,文综学习,必须打好各科的基础。综合不过就是把各科的知识掺合在一起去解决问题。而一旦我们各科的基础薄弱,连本学科的问题都解决不了,还有什么资格去谈综合呢？当今题目形式千变万化,但本质还是一样的,八九不离十。要想在变幻莫测的题目中把准方向,就必须学习好各科的知识。因为无论一切题目,总是基于某个

知识点或几个知识点的,我们抓住了它的根,它再怎么变,也逃不出我们的手掌。

以下针对政史地的复习方法,分别做一个阐释。

1.政治——理论联系实际法

政治是时效性很强的科目, 它的考试范围肯定会联系到当前一些时政要闻、社会热点。掌握时事有许多渠道,可以听新闻,看报纸或者听老师的讲解。高三总复习阶段对政治来说是很关键的,即使你以前有什么掌握得不够好的知识也可在这段时间补上。这时尤其要关注时事。可以买一本讲解时事的书, 把原理先列在一个本子上,再把可以用该原理分析的时事内容,写在原理下面,复习的时候再看一下, 效果很好。到高考前则主要是看一些各地的模拟试卷,看它们对当前的热点有哪些提问方式,该如何分析,如何表述。最后阶段做的政治问答题要及时地进行整理,按照时事内容归好类, 同一个问题有几种思考角度,这样就可以一目了然了。要把政治学活,懂得活学活用。

河北省文科状元陈敏杰认为要想学好政治, 仅仅学习和掌握好各基本原理和通过做练习进行专题归类还是不够的, 还要把政治基础知识与现实社会中所发生的各种时事有机地结合在一起,用课本上所介绍的政治、经济和哲学原理去分析和解释发生在现实社会中的一些时事,这样才能更好地掌握和运用政治基础知识,才能把政治学到家。陈敏杰在平时也非常注意这一点,如注意收看新闻,并且一边看一边进行思考,用课本上的政治原理去分析和解释。又如他还经常用经济和哲学原理去分析和解释一些生活中所遇到的问题。他的分析能力就是这样得到逐步提高的。

政治学习上,能做到理论联系实际有两大效果:

(1)它能使政治基础知识的学习和掌握达到一个更高的层次

我们知道要想学习和掌握基础知识不仅要对各重要知识点用

提纲挈领的方法进行网罗，同时还要在此基础上进行要点分析和专题归类，这样才能更好地掌握基础知识。如何对基础知识进行专题归类呢？做练习肯定是一个好办法，但是政治学习有一个不同于其他学科的显著特点，就是更加关注现实社会中的时事，因此，同学们在平时的政治学习中，如果能用理论联系实际的方法对政治基础知识进行专题归类，那么政治基础知识的学习和掌握自然也就能达到一个更高的层次。

（2）它能有效地提高运用政治基础知识分析时事问题的能力

同学们要是能在平时多看报、看电视，在日常生活中多留意用政治教科书所学到的政治、经济和哲学原理去分析和解释时事问题，自然也就可以不断提高自己这方面的能力。这样在考试时也就会有得心应手的感觉。

当然，在分析和解释时事问题时一定要以教科书中所介绍的政治、经济和哲学原理为基本依据，这就要求每个同学首先要对各基本原理有正确的认识和理解，同时还不能脱离课本，更不能自以为是地用自己的观点去解释。

2.历史——专题笔记法

2007年吉林省文科状元柏雯瑛，现就读于北京大学法语系。在谈到历史科目的学习时，她介绍了"专题笔记法"。

她认为，笔记对于历史这门科目来说极其重要，这点对同学们来说也是有目共睹的。但做笔记也要有技巧。历史总共有5本教材，每本教材都要有详细的笔记。比如在做中国古代史笔记时将每个朝代分成政治、经济、文化、民族关系、对外关系5个方面认真进行笔记，这样，在复习时可以把各个朝代的政治、经济、文化、民族关系、对外关系归纳到一起变成5个专题进行复习。例如："变法"，古代所有的变法全部归纳到一起，起因、过程、对当时的结果、历史影响等。在专题复习时，一定要紧跟老师的部署，认真记录老师的板书和强调的要点。这样有助于建立历史时间体系，有

益于将历史事件串成几条线,不会漏掉知识点。比如中国近现代史的知识点众多,历史事件也相当的多,很容易遗漏,所以需要在串成线之后一遍遍地熟记,不可以偷懒,熟才能生巧。

3.地理——培养地图技能

地理兼具文理两科的学科特点,还与政治、历史、物理、化学、生物等学科有着非常广泛的知识结合点,所以不论是文科综合还是文理大综合,它都能提供情景并可以作为试题的切入点甚至是题目的主干。由于地理学科知识繁杂,内容较多且内部之间与其他学科之间的联系广泛而密切,要在有限的时间内获得较好的复习效果,就必须掌握正确有效的复习方法。在叶文嬿(2003 年云南文科高考状元,考入北京大学,文综 268 分)看来,地理学习,要好好培养地图技能的学习。

培养地图技能对于学好地理来说是非常重要的。叶文嬿分析过历年来的高考试卷,发现在地理部分地图的分量占得非常重,培养地图技能对地理成绩的提高会有很大帮助。

在培养自己的地图技能时,叶文嬿首先注意的是图与图之间的转换:剖面图转换成平面图、平面图转换成立体图、局部图转换成整体图、表格转换成曲线图、扇形图与柱状图的转换等。其次是图与文之间的转换:尽可能将地理课本中所有的知识点放在各类图形上去理解与掌握,不凭空去记、去背,学会图文转换。比如拿到一幅等高线图,能从图上等高线的走向、密度、递变规律中读出山地的走向、坡度的大小、发展农业的方向等。

叶文嬿强调,培养地图技能还要特别注意五条经线、五条纬线,在训练中她常常要求自己能准确找出十条线穿过地区的自然景观与人文景观,在经纬度跨度不超过 10°范围内描一幅轮廓图,说出其中的位置、自然地理特征和人文地理特征。学会在地图上分析自然问题、环境问题、能源问题、气候问题等。经过这样的训练,她将地图装在胸中,在地图上应对知识点,地理就不再是单

调的文字,而成为一幅幅生动鲜活的地图,满脑子的知识就可以在地图上随意地跳舞。

第八节　高考状元解读理化生复习备考

状元如是说

　　2009 年广西南宁高考理科状元蒙皓认为，大家在刚刚接触到理综的时候，会非常不适应，因为理综是三科在一起考，涉及思维转换和时间分配的问题。而且很少有同学这三科都很好，在考试时就会遇到怎么调整心态的问题。而且理综分值极大，所以说理综可能是大部分考生最为害怕的一门考试。对于理综,他建议还是得一科一科来复习好。

以下针对理化生的复习方法,分别做一个阐释。

1.高考状元复习物理的模型归纳整理法

就像数学典型题分类一样,解物理题也有一个模型归纳的问题,其目的都是为了能更方便快捷地解题。那么物理模型的归纳整理具体该怎么操作呢?

（1）对物理模型进行归纳和整理

2009 年遵义市高考理科状元郑好（曾获全国物理奥林匹克竞赛奖）,在谈到物理解题方法时,特别强调了众多物理模型的归纳问题。他具体的做法是买了一套《中学物理模型专辑》的参考书,其中归纳了许多物理模型,这样他只需对参考书中所没有的个别物理模型进行归纳和整理就可以了,从而给他带来了许多方便。

刚开始他还不觉得什么,慢慢地,他发现在解物理题时,印入他脑海中的各种物理模型就开始起作用了,帮助他分析题目条件,再根据物理规律建立数学模型。许多物理题就这样轻轻松松地解决了。

(2)物理也有题类分类的问题

安徽省理科状元耿泉在谈到物理的学习方法时曾说,要想学好物理首先要把基础知识掌握好,再者还要学会通过各种物理模型对各种物理的动态变化做综合分析。如在"动量定理"中的人船模型,"动容定理"中的子弹打击木板模型,类平抛模型等,许多较为复杂的物理动态综合分析题,都可以通过一个或几个物理模型进行综合分析,然后再进行列式计算。如果在平时就注意掌握这些物理模型多做题训练的话,那么在考试中就能灵活运用各种物理模型进行综合分析,达到解题的目的。

2.高考状元复习化学的一般加特殊法

在复习化学时,把握好方向,回归课本,本着重基础重应用的原则进行全面复习,不追求偏、难、怪的试题,就一定会取得优异的成绩。

备考复习应增强针对性,每天安排适当练习,特别是近几年的各地高考(论坛)试题以及高质量的模拟试题,以基础题及中等难度题为主,达到提高解题速度、训练解题感觉的效果。

做练习应像考试一样,尽量不丢题、空题,审清题目中的每一个关键字眼,并标出记号。遇到自己较为熟悉的题目,更要集中精力,认真分析,不可凭着经验和旧的思维定式,仓促解答;遇到重点题、热点题,做完题目后立即重新过一遍,明晰题型特点,理清解题思路,总结答题技巧,感受成功快乐;遇到难题,不能失去信心,既不能轻易放弃,也不能耗时太多,必要时与老师、同学多讨论,找出解决方法。做到"容易题稳拿分,中等题不丢分,难题争取得分"。

2009 年高考中，来自福建武平一中的程美华理科综合得了 294 分，被清华大学经济管理学院录取。程美华把化学复习总结为 "一般加特殊法"。化学学习中，元素的性质和化合物、单质的性质是很重要的内容，这些内容中需要记忆的知识点很多，而且看上去比较混乱，直接记忆往往会有一些困难。一般加特殊法中的 "一般" 是指共性，比如说某一族元素共同的地方，"特殊" 是指个性，比如某些单质不同于其他单质的属性。一般加特殊法主要是利用元素周期表，通过元素周期率将每一周期和每一族的元素的共性集中记忆，然后单独记忆每一种元素或者是单个化合物的特性，这样就可以减少记忆量，提高记忆的准确度。比如元素周期表的第七族是卤族元素：氟、氯、溴、碘。这四种元素的单质以及化合物的性质比较多，不容易记忆，比如一些颜色和状态的变化。通过这种方法就可以比较容易地记住。

3.高考状元复习生物的常识积累法

2007 年浙江省理科状元李清扬同学（理综 284 分）认为，学有余力者应该回头看看初中的生物书，因为高中生物的教材和一些题目默认同学们还记得初中的生物知识，并在此基础上进行了深化。掌握各种 "常识" 的人，做生物题时容易有优越感，而且不管题目怎样出，成绩通常都会稳定在不错的水平。如果有比较好的习题积累，到高三后期生物常识的掌握基本上也没问题了，但这需要同学们平时做有心人，随时随地积累，甚至反复记忆。

针对生物学科备考，笔者在这里提醒广大考生注意以下几点。

（1）回归课本，复习抓基础、关键词。考生复习教材时，其中的关键字词必须要抓住，并记牢，这样也比较简单、易行。答选择题时，考的也是一些基本概念，这些大多涉及关键词。比如光合作用，考点有概念、光反应等，要把这个内容搞清楚。

（2）对于主干知识的复习，要求做到 "知其然、知其所以然、举一反三，并且能够综合应用"。高考就像三级跳，第一级就是从 "知

其然"跳到"知其所以然",第二级跳就是由"知其所以然"跳到"举一反三",即简单应用,第三级跳最难,从"举一反三"跳到"把知识运用到全新的情景中去",这点最难。

（3）生物实验设计题,最近几年的高考较多的是对实验现象、结果、过程的分析,主要考学生对实验方法的把握。如单一变量的实验设计时,考实验变量的要求是否正确,这也是考生物实验中的难点。因此,考生对每道实验题的单一变量的确定、变化等,都要细细予以考虑。

（4）试题贴近生活,紧密联系当今社会问题和现代科技技术的发展。因此,平时练习时,要锻炼独立地对所遇到的实际问题进行具体分析,找出解决问题的关键因素和相关条件,找出问题与问题之间的相互联系,灵活运用所学知识去解决这些问题。

（5）答题要规范。从 2007 年至 2009 年各地试题来看,难度大都有所下降。这意味着,考生要取得高分,须在答题规范性方面下工夫。考生平时做题时,多用生物术语来回答,不能随意地用"口语化"语言来答题。

第四章

好心态是决战高考的重要法宝

俗话说得好:兵马未动,粮草先行。心态可谓高考的战时粮草,须在战前调整到位,才能为克敌制胜提供保障。纵观历年的高考状元,他们的成功无不来自于好的心态,好的心态就是高考成功的一半!拥有好的心态是高考状元学习方法攻略中的重要法宝。

第一节　拥有健康平和的心态

状元如是说

清华大学经管学院 2008 级学生、四川省高考状元邱瀚萱认为,面对高考,最重要的就是保持一个良好的心态。不管你曾经取得过什么样的辉煌或是曾经失利,此刻应统统归于零。考试考的不仅是知识,还有心态,它会很大程度地影响你的发挥。应把高考当成一次普通的模拟考试来面对,放下包袱,轻松上阵。其实,谁能发挥出自己的最高水平,谁就是胜利者。

可以说,在对目标的孜孜追求中,谁也不希望失败与挫折的光临,即使是负重拼搏,即使是带着镣铐舞蹈。学习中自然避免不了挫折降临,你也无法躲避。那么,能以平和的心态看待失败,从中汲取奋进的力量,才是一个正确的心态。

有一个同学,全县中考成绩第一,进入高中以后各科成绩遥遥领先,高三几次大考的成绩也名列前茅,老师都认为他考上清华北大不成问题。可是,一次联考中,该同学的成绩突然下降了。

原来在高考前几个月里,他在所有的本子和书上都写满了"我是第一"的字样,发疯似的投入学习,学校、班级组织的一切与学习无关的活动他都不参与。很显然,他的心态已经不再平和。在他

心里,把第一看得太重,而不是着眼于理性的发展。高考成绩下来后,他果然与清华北大失之交臂。

2000 年高考天津市文科状元张宇说:"调整自己的心态是非常重要的,也许高考状元的真正水平和其他同学的真正水平没有很大的距离。为什么有人在高考中能充分发挥,主要是他的心态调整得比较好。我在高考前并没有疲劳地复习,而主要是调整心态。我想我一定能成功,我在平时已经付出汗水,到时候就一定能有收获。"张宇以 652 分的高考总分,考取了北京大学。

我们再来看一看 2008 年山西省高考文科状元王越是怎么调整心态的。

王越是家里的独生女,父母都在山西阳泉矿上工作。王越说,在学习上父母极少给她压力,即使在复读的一年中,他们也从不过分要求自己,因此她可以保持良好的学习心态,取得优异的成绩。

王越是一个复读生,第一年的高考成绩虽然达到了一本成绩,但是没有考上自己理想中的大学,她决定再补习一年。那一年的复读,王越表示,没有带着太大的压力,自己始终都拥有好的心态,考好了继续努力,考砸了认真查找问题,在平时的学习生活中要和同学、老师、家长处理好关系。有一个好的环境,学习起来就会得心应手。该玩的时候玩,该学的时候就认真学。每个星期六下午,都是她休息放松的时间。这段时间她从不安排学习,经常去逛街和溜达以缓解一周以来紧张的心情。而且每天学习必须保证充足的休息时间,中午至少休息半小时,晚上也要保证 7 小时的睡眠。

现在已经在北京大学光华管理学院工商管理专业就读的王越给还在为高考奋斗的同学们提出了几点建议:

1.高考目标期待适当

同学们要根据自己平时的学习实力和心态状况,实事求是地确定自己的高考目标。一般来说,根据考前一模、二模的考分确定高考成绩的期望值。

如果目标定位过高,就会为难以达到目标而增加考试焦虑;如果目标定位太低,又会影响潜能的发挥。

2.不要攀比

每个学生的学习实力与心态状况不一样,确定的高考期望值也不一样。有的学生盲目与比自己学习实力强的同学攀比,这样会挫伤自己的信心。对学生来说,只要在高考中发挥出自己平时的水平就是成功。

3.加强实力

考试信心是建立在考试实力基础上的。因此,加强复习,提高实力是强化信心的重要措施。不打时间战,不挑灯夜战,注意提高复习效率,建立知识网络与体系,学会利用已有的知识解决问题,有助于强化高考的信心。

4.不要迷信

有的同学有迷信心理,比如考前看到乌鸦,就认为是不祥之兆,十有八九考不上好大学。还有的同学在考前相信电脑算命。

其实考试成功与否,由自己平时的学习实力与高考时的心态决定,世界上不存在超自然的力量影响考试的成绩。考生要相信自己的力量,不要去求神、拜佛、算命。

5.积极自我暗示

积极的暗示能增强人的信心,消极的暗示能降低人的信心。考试前学生受到的消极暗示很多,因此特别要注意消除消极暗示的影响。

每个考生的心态不同,在不同情景下心理的变化不尽相同,因此,要根据自己的情况运用积极暗示进行心理调整,强化信心。可以把写上积极暗示的字条放在桌子上,如"我有学习能力,我一定能成功"。

6.挺胸抬头,步伐加快

人的内心体验与行为动作相一致。人在高兴、充满信心时就会

挺胸抬头,走起路来很有精神,步伐稍快而有力;人在沮丧、缺乏信心时,就会无精打采,走路缓慢无力。考生可利用人的内心体验和自己的行为动作一致的原理,每天走路挺胸抬头,步伐稍快。经常这样做,就会增强自己的信心。

第二节　不以物喜,不以己悲

状元如是说

2007年辽宁省高考理科状元赵子波认为,复习阶段最重要的是保持平常心,不要大喜大悲,甚至迁怒于旁人。当遇到挫折的时候,要有效地卸下心理包袱,多想想未来是光明的,保持良好的心态。高考是人生一段难得的经历,在整个复习和考试中,我们培养了毅力,磨炼了意志,训练了耐心。经过高考的一场洗礼,人生的很多考验就不在话下了。高考的经验告诉我们:不以物喜,不以己悲,不要因为几次成绩落后而沮丧,人生的道路还长着呢。只要保持这样的心态,考试就可以发挥出最佳水平。不要给自己太多压力,告诉自己,只要努力过,会有收获的。

"不以物喜,不以己悲"语出范仲淹的《岳阳楼记》,此为互文,意思是不因为外物的改变,个人的得失而或喜或悲。学习亦是如此。学生要勇于面对考试中的失意,残酷的打击往往使很多同学痛彻心扉,此刻愈发需要良好的心态来让自己保持镇定。

2002年安徽省高考文科状元,毕业于北京大学金融专业的赵

雪娟认为,高考复习一定要有一颗平常心。她很喜欢"不以物喜,不以己悲"这句话。她认为一两次考不好不能代表什么,有可能是方法上的问题,不要太在意。如果下次考试又恢复到正常的话,就不需要去管了。如果几次考不好,那就要总结经验教训了,是不是学习出现了问题,哪些地方基础薄弱。

2009年海南省高考文科状元潘学峰对"不以物喜,不以己悲"这句话也深有感触。他在高考后一篇文章里与众多学子分享了他的考前心态:

考试非常多,且每一次都会排出名次。在这种竞争压力下,有的同学顶不住了,开始失眠、气馁、唉声叹气。但我没有。高一时养成的平和心态这时候发挥出了巨大的作用。我不会因一次成绩的优良而狂喜不已,也不会因偶尔的一次考砸而悲观失望,以为世界末日就要来临,自负点说,就是达到了那种"不以物喜,不以己悲"的境界。这对我的学习帮助极大。在成功之时,平和的心态使我清醒地看到了自己与别人还有差距,自己还有不足急需努力;在失败之时,平和的心态会让我意识到自己还比很多人好,让自己从中找出闪光点,并以之驱使自己不断前进。我有很多同学,他们不知比我勤奋多少倍,但他们缺乏一种平和的心态,对每一次考试成绩都看得极重,并为排名忧心忡忡。这种紧张且不自信的心态,最终影响了他们在高考中的发挥。在临考的那些日子里,我几乎没去想与高考有关的东西,只是想自己把该做的做完了,成功就会是水到渠成了,就算是结果不尽如人意,对得起自己平时的努力就行了。那时,周围很多人都在讨论上什么大学的话题。我没有去听,也没有给自己一定要考上什么大学的强制性指标,只是想随遇而安吧。这可能是种很消极的想法,但在当时那种压力重重的气氛下令我保持住了一种平和的心态。正是这种心态指引我走向了成功。

那些日子里,我还学会了如何排遣郁闷与烦恼。每次考试时,虽然说"不以己悲",但人之常情多少决定了心里还有些不快。这

时我往往会约上同学一块踢踢球或者上街逛逛，或者大家在一起打打闹闹，总之不允许一个人安静地独处。等到心里的不快消去后，再一个人静坐下来，细细思虑自己在这次考试中的失败之处，并牢记这一次的教训，避免在下次考试中重犯同类性质的错误。

备考的压力要求我们心情舒畅、愉快。在那些日子里，我们尤其注意调整自己的情绪，使其少受外界影响，以致影响到学习。记得一次因一件小事与同学吵了起来，心里就愤愤不平，直骂这完全是他的不是。同班同学，抬头不见低头见。每次一见他，就想到那件事，就很气愤，再想刚才他是如何趾高气扬地从我身边走过，就以为他是做给我看的，就气得不行，情绪完全被打乱，没心思再去学习。后来我意识到这可能会对我的学习不利，就主动向他认错，说了对不起，以期恢复关系。没想到他的态度比我更诚恳，说没有向我认错是怕我不理他。至此，我才明白自己完全是庸人自扰。试想，假如我一直没有向他认错，并且一直生闷气，对我的学习是如何的危害？所以我建议各位同学在备考过程中一定要处理好人际关系，以免对自己的学习产生不利影响。

高考是一场比赛，是对考生的身体素质、智力水平和心理因素的总的考验，成败得失不仅仅是考试分数的高低。因此，每个考生都应当在考后好好反省，全面分析高考胜败的原因，客观评价自己，既不要盲目夸大自己的优点，也不要把自己评价过低。考生一旦对自己有了一个正确的认识，也就能够比较客观地对待高考的成败得失，真正做到"不以物喜，不以己悲"了。同时，还要懂得，高考虽是一场搏斗，但它也带有一定的偶然性，高考的竞技场上，既然有成功者，就一定有失败者。但是，千万不能凭一次成败论英雄。

第三节 如何消除考试焦虑

状元如是说

王碧波是 1999 年陕西省高考状元（680 分，原始分），在清华大学计算机系就读。说到备战高考，他特别强调了要消除考试焦虑的情绪。高考是实现人生理想的一个过程，是多种途径中的一条，并非只有通过高考才能成功，要从战略上对高考有一个正确的认识。客观、公正地评价自己，期望值不要过高，只要能够发挥出自己的真实水平就可以。

心理学家研究发现：学生在高兴、愉悦、轻松等状态下学习，平均智商为 105，但在紧张、郁闷、焦虑状态时，平均智商下降至 91，两者相差十分显著。心情高兴时，会增强学习的信心和兴趣，产生学习的强烈欲望。这时，人的大脑像海绵吸水一样，比较容易把知识吸进去。而在烦恼、焦虑、愁闷、恐惧时，就会抑制思维活动，降低学习的欲望和兴趣。

焦虑属于消极的情绪。经调查，学生在考试时，大约有 10%~15% 的学生对考试存在着不同程度的紧张、焦虑。克服考试焦虑、紧张综合征的办法很多，应根据个人不同情况来调整克服。从考生方面来看，一定要端正对考试的认识。考试只是检验所学知识的一种手段，对考试结果要正确对待。其中最关键的是要学会放松。考试焦虑患者缺乏在特定情景下控制自己的能力，因而有必要帮助他们进行这方面的行为再造。使他们在紧张时能够运用意念控制、调

整呼吸等多种方法松弛躯体,转移注意力,达到调整心理状态的目的。

心理上的充分准备,其战略意义不亚于对知识的准备。有些考生尽管明白这个道理,但在考试前或者考试过程中仍然会出现不同程度的焦虑情绪。事实上考试前的紧张是不可避免的,一般来说,凡是在考试前有些紧张的学生都是上进的学生,紧张的情绪与上进心紧密相连。一个不上进、没有自尊、对高考不感兴趣或不参加高考的人是不会紧张的。紧张以及紧张带来的苦恼都是寻求上进之人的专利,这种情绪本身足以说明同学们的自尊和上进。从这个意义上来说,考试前紧张的心理状态是正常的,是可以理解的。但是,紧张情绪毕竟不利于考试,下面介绍一些有效的调适方法:

1.要调整好考前的心态

要坚信自己通过三年的学习,特别是高三的总复习,已经较好地掌握了高中的知识。天道酬勤,我们往日苦读的汗水一定会换来高考的成功!我们应该放下包袱,轻装上阵。要反复地积极地暗示自己:我有实力我能成功!我有实力我能成功!

2.克服焦虑情绪

考试焦虑主要表现为精神紧张,反应迟钝,引发记忆障碍,严重的出现头晕、恶心、手脚发凉、血压升高等症状。事实上,我们根本用不着焦虑。因为,第一,高考的试题都是我们在高中阶段学过的东西,不会超越我们的知识范围,最多就是转换了一个角度,或是要求你用学过的知识去解答某种现象,只要你从容地、有序地打开你的记忆之门,合理地、正确地运用你的知识,认真地、仔细地审视每一道题目,你一定能圆满地解答的。第二,你必须正确对待环境。考场上坐着的,都是你的同学,他们都是普通的学生,和你一样。至于监考老师,他们也绝不是什么凶神恶煞,你坐在那里做你的题目,他能对你怎样?考试时,你完全可以做到"心中有我,

目中无人"，就像一个人在自己的房间里做作业一样。因此，用不着焦虑，害怕。这样想，你就可以避免"上场昏"了。如果真的发生昏场时，可以先放下手头的试卷，闭上眼睛，做深呼吸，也可以按合谷穴（穴位位置："合谷穴"位于手背面，第一及第二掌骨之间，挤按时，有麻、涨感），还可以用风油精擦人中或太阳穴提神，但擦太阳穴时，不要将风油精擦得离眼睛太近，以免刺激眼睛流泪。过度紧张的同学也不必太担心，考务组已经安排了应急医疗队，随时能够帮助我们解决问题。

3.对自己的期望值不要过高

心理学研究表明，中等强度的考试动机更有利于取得好成绩。动机过强过弱都不利于考场情绪的调动。自己处于什么水平，自己要正确估计自己。在考试时，全心全意地做自己的试卷，决不要去想其他的事，比如，其他同学考得怎样啦，我能不能考取啦，等等，这些问题是以前的或以后的事情，与考试一概无关。能考多少，就考多少。如果这样想，也许你能发挥得更好，获得意外的收获。

最后，还要提及一点，就是关于考试前焦虑容易产生失眠的问题。可以说，失眠是最普遍的考前焦虑表现之一，许多考生都会在考试前夜甚至之前几天发生睡眠障碍。一旦有过考前失眠的经验，在下一次大考前很容易产生预期暗示（"上次考试前我就睡不着，这次肯定也一样"），进而诱发类似情况再次出现。

专家提醒：失眠时应认真查找原因，及时有针对性地加以调整。如果是劳逸失当，就调整学习和休息的方式；如果是由于某种情绪刺激造成的，就注意避免不良刺激；如果是由于开夜车看某些惊险刺激小说等不良习惯造成的，就要下定决心改掉。如果通过一段时间还是不能解决失眠问题和消除紧张，可求助医生。

第四节　几种放松训练方法

状元如是说

2005年浙江省高考文科状元徐语婧在谈到高三的紧张复习阶段时坦言，"其实我在高三的时候，周末还会看一场电影什么的，相对来说我可能比较轻松吧。如果觉得没有这个时间的话，比如说上下学的途中听听歌什么的。我有认识同学，他们在高三快高考的时候甚至还会看看小说之类的，其实在这一段时间你再做大量的习题的话，我觉得对最后的成绩提高帮助不会太大，就是说你做很多的习题，肯定会有一些自己不会做的，然后你一旦发现自己不会做的时候，反而会增加自己的紧张，所以还是看看课本，看一些知识性的东西，加强一些记忆，然后学习的时间不要太长，每天保持充足的睡眠，因为睡眠充足了也有利于缓解自己的紧张情绪。"

2007年宁夏高考理科状元李小龙说："非智力因素往往左右结果，摆正心态吧。当我因成绩波动而焦躁时，我会选择用安静的音乐来平静自己；当我意志消沉时，我会用榜样来激励自己；当我情不自禁开始胡思乱想时，我也会给自己放个假，留出时间来天马行空地幻想。我用各种方法来保持一个好的心态。永远乐观、积极，调整最佳心态来应对每一次人生的挑战。"

考生在高中复习最紧张的阶段，特别是在临考期间，学会让自己

放松非常重要。下面,给同学们介绍几种缓解紧张情绪的小方法:

1.每天适当运动

运动可消除疲劳,焕发精力。考生每天要适当做些娱乐活动,唱自己喜欢的歌,听自己喜欢的音乐,看轻快的电视节目等对调节生活、缓冲紧张很有意义。建议考生最好不玩电脑和上网,聚精会神地复习功课。

2.流水训练法

考生可站着进行训练,也可以晚上淋浴时进行训练。训练时想象天上下着毛毛细雨,雨水沿着自己面部流到胸部、腹部,同时雨水沿着后脑流到背部、腰部,水继续向下流,流到前后大腿,前后小腿,流到脚背,流到脚心,一面想象雨水沿着身体往下流,一面想象雨水把自己的紧张、不安、烦恼、忧愁等不良的情绪统统冲刷掉。按照这样的顺序不断地进行训练,对消除紧张、不安、焦虑等不良情绪会起到一定的作用。

3.自我暗示法

暗示法是指通过语言或非语言的手势、表情等方式,来转移和改变某人某些不良情绪的一种心理治疗方法。缺乏自信是考试焦虑产生的一个重要原因,所以在考试前应暗示自己有信心,相信自己的能力, 可以尽力考好。如考试前对自己大声说:"我一定会取得成功,我是最棒的!",这样通过心理语言来调节中枢神经系统的兴奋性,从而使神经系统得到调节和改善。

4.呼吸法

呼吸法是让自己静下心来,排除杂念的一种自我调节方法。在放松时,我们闭上双眼,用腹式呼吸法慢慢进行呼吸,吸气时,想象着丹田中的这股气由腹部逐渐上升到胸部,再上升到头部,直到头顶"百会"处;吐气时,想象这股气由"百会"自后向下顺着脖子、脊梁下降,直至回到丹田。这样一吸一呼,周而复始,反复进行。由于集中了全部的注意力,就能够使人逐渐排除一切杂念,收到消除

紧张、自我放松的效果。

5.放松训练法

所谓放松训练法是指通过循环交替收缩或放松自己的骨骼肌群,细心体验个人肌肉的紧松程度,最终达到缓解个人紧张和焦虑状态的一种自我训练方法。在放松时,可以松开所有的紧身衣物,轻松地坐在一个单人沙发上,双臂和手平放于沙发扶手上,双腿自然前伸,头和上身轻松后靠,双眼闭上。整个放松训练按照由下而上的原则,脚趾肌肉放松——小腿肌肉放松——大腿肌肉放松——臀部肌肉放松——腹部肌肉放松——胸部肌肉放松——背部肌肉放松——肩部肌肉放松——臂部肌肉放松——颈部肌肉放松——头部肌肉放松。放松动作要领是先使该部位肌肉紧张,保持紧张状态 10 秒钟左右,然后慢慢放松。使用这种方法并持之以恒,不仅能消除考试焦虑,而且能全面促进身心健康。

第五节　带着自信进考场

状元如是说

　　2009 年宁夏高考理科状元,现就读于清华大学土木工程系的刘逸帆认为,无论是数载的寒窗苦读,还是考前冲刺阶段紧张的拼搏,真正决定你命运的是"走进考场"的那段时间。信心是做任何事所必须具备的,对于高考这样激烈而又残酷的竞争来说,没有信心就意味着战斗还未开始便先牺牲了。走进考场的良好心态应该是充满自信、跃跃欲试。

俗话悦：自卑生灰心、灰心生失望、失望生动摇、动摇生失败。有了自信，无形中同学们又多了一个征服高考的有力武器。高昂的激情、自信的心态会使考生处于积极顽强的竞技状态，可以调动一切有利于考试的知识、技能与技巧，使其得到充分发挥。

曾经有一位心理学家对某年考入清华、北大的几十名高考状元做过一次影响高考成功因素的调查。在调查中，高考状元们列出了对高考成绩有重要影响的十几个因素，而这其中排在第一位的就是考场心态，自信是考场心态的核心部分。如果说实力是车，那么自信就是燃料。如果没有自信产生的强大推动力，再强的实力，施展不出来也等于零。

某年春晚有段相声《小偷公司》，牛群说了一副对联："说你行，你就行，不行也行；说不行，就不行，行也不行。"如果把它用来形容信心的作用，笔者认为也是非常贴切的。在平时的练习和考试中，我们一定有过类似的经验体会：面对一道试题，如果有信心，可能会迎刃而解；如果缺乏自信，一定会望而却步。

当然，自信的心态，不是说要到走进考场时才去培养。考生应该把自信融入日常的学习中。掌握积极自我暗示的练习方法，可以帮助我们保持充足的心气和旺盛的斗志。下面，笔者提几点建议：

1.按学科设置暗示语

在实施自我暗示前，必须根据自己的情况设置积极的暗示语言。学科不同、水平不同，暗示语也应该不一样。这些暗示语言不外乎是一些给自己打气的话，如"我一定能把自己的数学水平最大限度发挥出来！""我对自己的英语一直都非常自豪！"具体到学科中的不同题型，可以这样暗示自己，"我会把选择题一网打尽！""材料分析题是我的强项！"暗示语设置好之后，要熟练地背下来，牢记于心。

2.实施积极的自我暗示

当暗示语设置好之后，就要着手准备实施。早上起床，精神饱

满地站在镜子前,看着镜子中的自己,感受一下自己的状态。如果感觉自己不是很清醒,可以先暗示自己"我感觉很精神,很饱满,状态很好!"而后,看着镜子中的自己一会儿,想象那种振奋的感觉由内而外地散发出来,自己都感觉到那扩散出的气息了。

接下来,伴随一些肢体语言(可以握紧拳头,挥舞两下,感受到自己的力量),大声说出事先想好的鼓励自己的话语,声音一次比一次高。每说一次,你会感觉底气更足一些,感觉内心的自信和力量增强了。这样说几遍后,会感觉心里很畅快,很轻松,很有劲头。每天可以连续说 3~5 次。

3.把暗示练习融入学习

早上镜子前的自我暗示只是一个开始,如果不把积极的自我暗示与日常的学习、生活相结合,可能只是镜中花、水中月,白忙乎一场。利用考前几天,我们一定要把暗示练习和课堂复习、考试结合起来使用,才更具有实战意义,是一场实实在在的"自信模拟考试"。只有这样做,我们才能学会放大自己对成功的感受,让积极自我暗示落到实处。对于那些自信严重透支的同学,一定要赶快来储蓄自信!

赵甜同学,曾获得全国高中数学联赛甘肃省一等奖,全国高中学生化学竞赛省级一等奖,全国高中学生生物竞赛省级二等奖,全国中学生物理竞赛省级二等奖。2009 年元月参加清华大学冬令营,被清华大学热能系录取,专业为能源动力系统及自动化。赵甜说,实力只有真正表现出来才能得到证实。不过,自信要有基础,如果你本身的学习基础很差,那么盲目的自信就会成为自大。同学们要对自己的实力和学习状态有一个全面而且正确的认识,这样才能尽快弥补自身的不足。自信并不是成功的全部条件,这一点同学们要充分认识到!但是缺少自信却是万万不行的。

总之,只要你相信自己,战胜自己,用积极认真的态度对待考试,就能保持良好的心境,就能在考试中正常发挥,甚至超水平发

挥,你就一定能成功,你就能带着微笑告别高中生活,踏进你理想的大学殿堂。

第六节　考场要稳定心理

状元如是说

余萧桓,2009年高考广西贵港市文科状元。毕业于平南县中学,高考成绩总分620分,现就读于北京大学新闻与传播学院。余萧桓认为,养兵千日,用兵一时。如何在高考有限的时间内充分发挥自己的水平,对每个考生来说是举足轻重的事。在考场上,要学会自我解脱,用深呼吸和肌肉控制方法来放松紧张的神经。先不要急于答题,坐在自己的座位上做呼吸运动。每分钟呼吸五六次,这会提高身体的灵敏度,减轻紧迫感。时间不要太长,一两分钟就够了。进行呼吸循环的同时,交替收缩和放松自己的身体肌肉。这样可以缓解紧张情绪。

每年的高考都有这样的事情发生:某些平时学习很出色的学生败得很惨,而一些平时学习一般的同学却发挥出色。这种"冷门"爆出常令人惊诧不已。北京教育研究院潜能中心张贵良经过对考生的潜能调查研究认为,考场上爆出的冷门其实并不奇怪,它与考生的心理状态是否稳定有关。

我们常常把高考形容为"千军万马过独木桥"。考场,虽然不同于硝烟弥漫的战场,但紧张严肃的气氛仍然使胆怯者悚然。所以,对一个学生而言,在考场上的心理稳定至关重要。

　　几年前某地高考考场发生过这样一件事:考试预备铃响后,考生陆续进入考场,但按照考场纪律,开考铃声没有响之前是不能打开试卷答题的,否则以作弊论处。考生们就这么坐着,等待开考铃声。监考老师一脸严肃,背着手走来走去,东看看西望望。考场挂钟的"滴答、滴答"声,监考老师"磕、磕"的脚步声,在安静的考场里显得格外逼人。终于开考铃声响了,考场响起一片翻开卷子的"哗、哗"声,考生也开始了答卷。这时一个考生却趴在桌子上,一动不动。监考老师叫了几声她都没有反应。考场还睡觉?不像,刚才还好好的。

　　监考老师急了,马上找来考场医生。原来该考生被考场严肃的气氛吓得晕过去了,脸色惨白。监考老师只好把她背出考场。过了半个多小时,该考生才重新坐到考场自己的座位上。

　　这虽然只是个别案例,但说明考场的心理稳定是何等的重要。

　　在考场上,最大的敌人是焦虑和干扰;当然,如果没有做到心理稳定,最危险的敌人就是你自己。例如,试卷发下来,读卷时感到难题较多会增加考生的心理负担;考场中有人交卷出场也会增加考生的紧张心情;监考老师的来回走动也会让考生紧张……所有这些情绪,在考场中随时都可能产生、滋长。这种由于考生自我意识而产生的干扰也可影响考试。

　　考试,尤其是大型考试,考场气氛严肃,空气紧张,对考生心理会有明显的压力。许多考生只要一坐进考场,即使他坐的就是他平时上课的座位,他也会心跳加快,难以平静,影响考试。再就是疑虑、心慌和不安,担心考不好回到家里受父母亲的责骂;即使父母亲不说什么,难看的脸色也接受不了;再者,考不好自己的前途也就完了。越是这样想,情绪越不稳定,心里越慌,越紧张。

　　这时候需要我们进行自我控制,让自己镇静下来。有压力是正常的。只要我们摆脱这种压力,我们就会平静下来,身心放松而喜悦。如果继续背上沉重的思想包袱,平时准备得再好,也发挥不出

来。在这里,给广大考生几点小建议,以稳定考场的紧张心理,防止高考时怯场。

1.消除情绪的过度紧张是关键

临考前,要注意劳逸结合,防止过度疲劳引起心情焦躁,忐忑不安。要正确认识考试的意义,不要把成绩看得过重。入考场后,不要精神紧张,思绪烦乱,否则未考之前就先有了失败的心理。在考试过程中,遇到难题不要头脑发懵,也千万不要想象考试的成果与自己前途的情景,这样会使大脑皮层的一定区域产生一个优势兴奋中心,使自己的思维活动不能指向和集中在解答考题上。总之,在考试中,要千方百计使自己的情绪安定下来,注意及时转移引起情绪紧张的试题或有关的想法。

2.做好考前的物质准备和应试准备

在考前头一天晚上将考试必须带的证件、文具准备好,以免少带或忘带,造成额外的紧张。常言说"怯场怯场,最怕头场"。高考第一场一般是语文,题目多,卷子多(有一、二卷),时间长(两个半小时),分量重,所以考生必须认真对待首场语文考试。考生应提前半小时进入考场,尚未发卷时,不要嬉笑打闹,也不要精神紧张,可以做深呼吸等缓解紧张气氛。提前 5 分钟发卷后,考生应先看所发卷子是否是当天应考的科目,再看有几卷、几张、几页、几个大题,是否有缺页或空白,然后再看第一页的注意事项或答题要求,在密封线外写上自己的考点、考场、考号及姓名。铃响监考老师喊开始后再动笔去做。

考试前最好熟悉一下考场。有些人在生疏的地方,总有些别扭的感觉,不大自然,也会对考试的精神状态产生微妙的影响。熟悉考场就可消除这个影响。熟悉考场还包括了解从家里(或学校)到考场的距离,去考场的路线及所花费时间。晕车的考生,要做好步行或骑车的准备。考生应提前到达考试地点,最好能提前半个小时,以便安定情绪,做到从容不迫。

3.合理安排好考试时间

在考试时应科学安排和使用考试时间,根据试题情况,合理安排答题和检查的时间,避免因答卷时间不够用,或者检查答案时发现错误没有时间修改而出现的怯场。

在这里,笔者建议,考生答题应遵循先易后难的原则。即拿到试卷后,要花少量的时间通盘浏览,掌握全局。在迅速翻阅整张试卷后,应该立刻分辨出哪些不用思索即能回答,哪些稍加思索可能解答,哪些难度较大。如果不加分辨,拿到试卷立即动手,会在遇到难题时"卡壳"而心烦意乱,从而影响整个考试的发挥。

4.考试期间要注意饮食卫生

要注意调整好饮食,既要吃好、吃饱,又要容易消化,不要吃生冷的东西,更不要饿着肚子上考场。如果连续进行两场考试,时间较长,可适当备些干粮。考试期间还须注意冷暖,保证健康。高考在盛夏,考试时可带些防暑清凉药品。总之,做好临考准备并非小事,它可以排除不必要的干扰,保证自己的水平得到充分发挥,从而取得较好的效果。

考场上只有让自己的心理稳定,才能在答卷时保持一种较好的状态。答卷前如果能够调整好心理状态,并采取正确的考试策略,就能考出理想的成绩,甚至超水平发挥。

第七节　高考正常发挥八点注意

状元如是说

　　张军,2009年河南省高考文科状元。毕业于新郑一中分校,高考成绩总分648分,现就读于清华大学法学院。张

军认为,高考的临场发挥很重要,在平时认真复习的基础之上,有一个好的心态,才能最终让自己发挥出真实水平。

俗话说"养兵千日,用兵一时",经过紧锣密鼓的复习,就为了能在高考考场上顺利搏击。面对人生的这次"大考",考生难免紧张,如何调整好自己的应试状态,显得至关重要。要想在考试中能正常发挥,必须注意以下考试策略:

1.做题时,放松心态

有学生说:我虽然知道自己复习得很充分,但是还是很担心,在考场上万一哪个知识点没想起来,就会影响我的成绩。在考试中,我一看见一道我比较生疏的题型,或者看见字数比较多的题,我就会不由自主地紧张。

这是由于心理紧张导致。这时你只需静下心来,认真读题,仔细分析清楚已知条件与求解,然后紧紧抓住已知条件,一步一步地求解。其实,字数多并不可怕,字数越多,问题说得越清楚,切入点更多,怕的是字数太少,分析不清题意,无法下手。

2.审题时,认真仔细

有些同学由于紧张,审题不仔细,已知条件没看清楚就开始做题,结果做了个开头就做不下去;有些同学做题时没有注意一个已知条件,该分类讨论的地方没有讨论,该舍去的项没舍去,结果导致失分。

考试时尤其是在做综合题时,要认真审题,弄清楚题意,仔细分析清楚各个条件之间的联系,并且注意已知条件下隐含的条件。

为了高考不失分,从高一高二时就应该注意,在平时做题时养成仔细审题的思维习惯,在正确运用一个知识点做完一道题之后,要问自己这样一个问题:如果这个知识点我不太会,能不能通过题目中给出的已知条件,推出隐含的另一个条件,从而使题目简化,迎刃而解。

3.思考时，平静心态

有什么方法可以让考生临场发挥得更好呢？有一个有效的方法，当考生因紧张而做不下去时，或在做题的过程中突然卡壳，做不下去时，可以停下来进行自我心理暗示：闭上眼睛半分钟，深吸一口气，然后再开始做题。这样你的心情会平静许多。

在平时的学习中，一般都要求学生对知识点要"知其然，更要知其所以然"，而在考场上，却恰好相反。考场上要求在短时间内，当场把这个问题解决，而不是要你探讨这个问题的来龙去脉。因此，在两个半小时的考试时间内，要既快又准确地解决一个又一个问题，才能在考试中赢得高分，才能最大限度地发挥出考生的实际水平。

4.不要急于做题

发下试卷，先不要急着翻看考题，应先检查试卷是否缺页缺字，再认真填写准考证号码、姓名等内容，并仔细阅读答题要求和提示，务必把题设条件看清楚后再动笔。有些考生为了图快，还没有理解题意、弄清条件就急于作答，白白浪费了不少时间。

（1）答题应遵循先易后难原则

按照先易后难的原则答题，把最无把握的和暂时不会做的题目放到最后时间里去做，该放弃的题目就要放弃，千万不要因为一两道选择题做不出来就乱了方寸。最后的两三道题一般难度较大，这就需要有所选择，扬长避短，先做熟悉的，将有限的时间用来得分，难题则能做多少算多少，争取将其中较容易的"分"拿到手。

（2）仔细检查计算题的计算过程

仔细检查计算题的计算过程，防止因计算步骤上的不小心而造成的错误。建议考生在解题时要一步步进行，不要"跳步"。对拿不准的题目首先要在心理上沉住气；看到新题或比较陌生的题时千万不要慌张，根据题目要求一步步推理。

5.草稿纸使用要得当

草稿纸的使用要得当，草稿纸一般每科只发一张，演算时要合

理布局便于检查。打草稿也要像解题一样，一道道接着往下写，步骤清晰。

6.边做题边涂答题卡

做选择题时要立即涂答题卡，做一题，涂一题，不要错位，防止最后一两道题冥思苦想而忘了时间，到考试结束时再想涂就没有时间了。

7.保持卷面整洁

保持卷面的整洁，字迹清楚。卷面是否整洁、字迹清楚与否，可能会直接影响阅卷人的情绪和判断，尤其是作文卷面不整洁就可能扣分，而如果卷面整洁、字迹清楚就有可能得到清洁分。

8.不匆忙交卷

不与他人比交卷的时间，做完所有题目后尽可能地将整个试卷再仔细检查一遍，特别是对那些拿不准的答案再推敲一下，不要匆忙交卷。

第八节　考砸一科后的心态调整

状元如是说

2007 年高考以总分 673 分的考分荣膺湖北省孝感市理科第一名的王长荣在谈到高考心态调整时，特别补充了对于考砸一科的心态调试。王长荣说，2006 年高考时，自己因没有休息好，导致第一科考砸而影响心态，后来的各科考试均受影响，而以惨败告终。第二年他总结了经验教训，终于金榜题名。

2003 年江苏省的高考数学卷整体偏难，考试结束后，很多学生出了考场就哭了，特别是那些平时数学成绩比较好的，一个个垂头丧气。

高考中，一些考生可能会在首两场考试中有某一门考试失利，导致情绪颓丧不已，甚至产生"全完了"的念头。很多心理专家也提醒，其实考生自认为的考试失利，与实际情况往往会有一个距离。考生应该在心里宽慰自己，一题做错了，一门考砸了，还有其他科目要考。已经考过的科目，不论好坏，统统放到一边去，考好下一门最重要。

1.学会转移

在一门考试结束以后，考生要马上把这门学科放下，全面转入下一门科目备考中。尤其上一科考试失利的考生，更要学会遗忘，避免不良情绪的困扰。例如，数学科目考得不好，那就不要再想数学，而是想想自己考得好的科目。同时也可以多做些力所能及的家务，或听听音乐、看看电视，或拜访亲戚朋友，分散或转移对挫折的注意力，使考试失败的阴影逐渐淡化，从而有效地防止挫败感和焦虑感的产生。

2.不与人对答案

一门课考完之后，许多同学喜欢对答案。这种反馈对情绪的影响极大。有的考生会因考试出现错误产生自责心理造成情绪低落，影响下一科目的考试。所以要克制急于知道成绩如何的心理。每场考过之后，不要过多地去想这场考试自己究竟考得怎么样，而要把注意力迅速转移到下一场考试上。如果遇到有人非要问考得怎样，不管好坏，考生可以回答他"还可以"就行了，千万不要让自己纠缠于已经过去的考试。

3.稳住自己的心态

有不少考生第一门学科或者第一天考试考砸了，就认为自己全完了，以前所有的努力全泡汤了。这种负面情绪会严重影响后

来的考试,结果一砸再砸,后果是可想而知的。

　　一位高考考生在数学考试中,不小心丢了 10 分,出考场后很是恼火。但他很快平静下来了,因为下午还有英语考试。他不想因为数学影响自己的情绪。因此,考生如果第一门或者第一天考砸了,一定要稳住自己的心态,全力争取考好后面的学科。这样做,就会有"山重水复疑无路,柳暗花明又一村"的结果。

4.要坚持到最后

　　由于考试过程中的一些意外,有些考生顿时方寸大乱,结果弄得一败涂地。因此,在考试进行时,要坚定一个信念:无论发生了什么,都要用理智驾驭情感,用意志控制行动,把考试进行到底,哪怕是最后一秒钟。

第五章
高考状元解说科学记忆法

现代教育理论提出，注意记忆能力的培养才是"会学"的基础。一般来说，学生都知道学习效率的高低同记忆力有密切的关系，也试图寻找提高记忆力的方法，但是有的时候却苦于不得要领。2007年浙江省高考理科状元李清扬说："事实上同学之间的记忆力差别并不大。记不住的同学往往只知死记硬背，不注重记忆方法和记忆规律，因此，记得慢，忘得快。"

第一节　认识记忆的重要性

状元如是说

2006年湖北省文科状元赵君秋（高考总分647分，就读于北京大学光华管理学院）介绍高中文科复习经验时，提到了"形象记忆法"。他说，"政治、历史、地理需要背诵记忆的内容很多，如果要一字不漏地背下来，不仅浪费时间，而且精力消耗大。如果在学习每一课时，能用形象记忆法，在脑海中形成一幅画面，对这一课的大致编排情况形成系统记忆，就能节省大量时间。比如我虽然不能完整记住历史课本上的每一个字，但当回想起某一个内容时我知道它在书本的什么方位，左或右，上或下，知道这一课的重要图片分布在哪个位置，知道这一页翻过来是哪一课的什么内容等等。这样的形象记忆既能避免死记硬背的枯燥，又能节约大量时间，同时也能达到预期的记忆效果。

可以说，记忆在学习中具有很大的作用，没有记忆，学习就无法进行，法国一位数学家说："记忆是一切脑力劳动之必需。"法国作家伏尔泰说："人，如果没有记忆，就无法发明、创造和联想。"

知识是能力的基础，没有知识就没有能力。高中语文、英语、化学、生物、政治、历史、地理等学科，很多知识是依靠记忆来掌握

的,这些学科的平时考试及其高考,很多试题是直接依靠记忆的知识来回答的。高中数学、物理等学科,虽然一般不直接依靠记忆来掌握知识,但平时考试及其高考用来解题的定律、公式、原理等,也必须依靠记忆。

具体地说,记忆在学习中的作用主要有以下几点:

1.学习新知识离不开记忆

为什么呢?因为知识具有严格的系统性,学习总是由浅入深,由简单到复杂,是循序渐进的。正如建造大厦那样,要从打地基开始,一层一层建起。老师在讲课之前,要求学生进行预习和复习,正是为了使学生记住学习新知识所需要的旧知识,以便把新旧知识联系起来。忘记了有关的旧知识,却想学好新知识,那就如同想在天空中建楼一样可笑。一位捷克教育家说:"一切后教的知识都根据先教的知识。"可见记住先学的知识对继续学习有多么重要。

2.思考离不开记忆

面对问题,引起思考,力求加以解决,可是一旦离开了记忆,思考就无法进行,问题也自然解决不了。假如在做数学题时,把公式或定理给忘了,那就无法进行解题的思考。人们常说,概念是思维的细胞,有时思考不下去的原因是由于思考时把需要使用的概念和原理遗忘了。经过查找或请教又重新回忆起来之后,中断的思考过程就可以继续下去了。宋代学者张载说过:"不记则思不起。"这话是很有道理的。感知过的事物不能在头脑中保存和再现,思维的"加工"也就成了无源之水、无米之炊。

3.提高学习效率离不开记忆

记忆能力强,就可以在头脑中建起一个贮存库——"智慧的仓库"。在这"仓库"里贮存着通过学习获得的一切有价值的成果,在新的学习活动中,当需要某些知识时,则可随时取用,从而保证了学习和思考新知识的迅速进行,节省了大量查找、复习、重新理解的时间,使学习的效率大大提高。

第二节　提高记忆力的方法

状元如是说

　　2008 年海南省高考文科状元曾昭仪(其中数学、英语和历史 3 科列全省单科第一)认为,记忆力是人脑的记忆能力,是人脑对于已知的经验、知识、心理体验和各种社会活动的识记。这种能力是可以培养和锻炼的,不是靠喝一些补脑的药品来提高,而是积极地进行一些潜意识的训练。可以说,学习任何科学知识,都离不开记忆,而学习的最大障碍莫过于记忆力差。拥有好的记忆力能够迅速地、准确地、持久地掌握学习过的知识和技能,也能比较好地理解、运用这些知识和技能。

　　一位省重点中学的高三女生说:"我理科成绩一直不大好,但感觉自己的记忆力还不错,高二结束进行分科时,我就决定选文科。原以为文科只需要下工夫背诵就行,可是高三许多科目都需要花时间去记忆、去背诵,现在离高考只有几十天了,我感觉自己的记忆力越来越差,刚背就忘记,越来越焦虑,这种学习状态很令人担忧。"

　　相信很多学生都曾有类似的经历,因为记忆力不好而苦恼。意大利《晚邮报》报道,意大利一所大学三名教授进行了这样一项实验:他们挑选了一位记忆力中等的青年学生,让他每星期接受三至五天的训练,每天一小时,背诵由三个数至四个数组成的数字。每

次训练前,他如果能一字不差地背诵前次所记的数字,就让他再增加一组数字。经过二十个月约二百三十小时的训练,他起初能熟记 7 个数,以后增加到 80 个互不相关的数,而且在每次练习时几乎能记住 80%的新数字,使得他的记忆力能同一些具有特殊记忆力的专家媲美。

可见,记忆力通过训练是可以提高的。事实上,古今中外的许多名人学者都通过各种方法来锻炼自己的记忆力。马克思从少年时代开始,坚持不断地用一种自己不太熟悉的外语去背诵诗歌,有意识地锻炼记忆力;列夫·托尔斯泰也是采用背诵的方式锻炼记忆力。他说:"背诵是记忆力的体操。"每天早晨,他都严格要求自己强记一些单词或其他方面的东西,以增强记忆力。宋代词人李清照采用与丈夫比赛竞猜某典故出自某书的方式,在兴趣盎然的娱乐中,巩固了知识,增强了记忆力。

下面给大家介绍几种行之有效的记忆力训练方法。

1.把记忆作为自己的一种需求

生活中,我们可能都会有这样一种感触:当内心并不觉得对自己需要的事物即便一直在自己视野周围时,可能很难留下印象。而内心渴求寻找的,觉得有意思的东西,即使是在自己眼前一晃而过,也可能会留下深刻印象。

在学习上也是如此,假如某人向你推荐一篇文章,说它将对学习某种专业或课程有很大的指导意义,如果你也有同样感觉的话,那么就会轻而易举地记住文章的要点,并在今后的学习中加以应用。但如果你抱着无所谓或反感的态度,那么尽管你看完了这篇文章,也会觉得味同嚼蜡,不知所云。

"需要是最好的老师",在记忆中需要也是记忆的最好教师。它能指导大脑各方有效地活动,达到记与忆的目的。

2.要有"我能记住"的信心

所谓暗示,是用含蓄、间接的方法对人的心理状态产生迅速影

响的过程。有一部电影,叫做《死亡的陷阱》,不知道同学们有没有看过。剧中的辛尼亚故意将吉尔的东西藏起来,或干脆说谎,使吉尔一直处于丢三落四中。尽管吉尔以前记性很好,但经过辛尼亚的多次暗示,终于对自己失去了信心,从而导致了两个孩子的失踪。然而当吉尔发现自己上了辛尼亚的当时,愤怒之极,"健忘"的枷锁被砸碎了,她开始自信,并恢复了记忆,断定孩子的失踪与辛尼亚有关,使故事发生了转机。这是暗示的一个典型事例。

如果备考时面对书本发问,"这么多,我能记住吗?"这种暗示将抑制脑细胞的活动,干扰记忆活动的正常进行,结果就真的记不住了。假如备考时暗示自己,"我平时注意听讲,多数内容已经掌握,复习中我都能记住",这种暗示将会消除抑制信息储存或提取的因素,从而提高记忆效果。

3. 寻找适合自己的记忆方法

关于记忆的方法有很多种,但没有一种是绝对有效的,关键是选择一种适合于自己的、得心应手的方法,养成适合自己的记忆规律。有人习惯早起记忆,有人习惯夜里读书;有人喜欢默读,有人喜欢边听边记,还有人喜欢互问互答……在学习中应尽早找出适合自己的记忆方法并发挥它的特长,这是增强记忆的一条捷径。

德国著名心理学家艾宾浩斯对记忆做了系统研究,首创了记忆的实验研究。他得出了这样一条遗忘规律:遗忘的进程是不平衡的,在识记后最初遗忘得比较快,而以后逐渐缓慢。

虽然这条规律是通过识记无意义音节得出的,但我们可以用类似的方法,绘出自己的遗忘曲线,了解自己的记忆规律,以便按规律办事,取得最佳效果。

下面向同学们推荐天津市 2003 年理科高考状元、现清华研究生二年级在读的牟子申利用遗忘曲线记外语单词的方法:

先找 100 个生词开始记忆,一旦记住马上停止记忆,定时(几小时至几天)检查忘掉多少单词,这样实验几次就能够绘出自己的

遗忘曲线了。然后根据遗忘曲线"先快后慢"的特点,在还未来得及忘掉时及时复习一次,起到强化记忆的效果。以后在每天学习新单词时复习一遍记过的单词,直至熟练为止。坚持此法学习一个月,就会熟练记忆 2000 个单词。要提醒同学们的是:同学们正值学习时代,要学习的知识很多,可能没有这么多的时间和精力用来记单词,所以,要量力而行,可以每天记 30 或 50 个。学外语的人都知道"不怕每天记的少,就怕不能坚持好"的道理,只要同学们能坚持下去,成绩一定是可观的。

4.保持情绪稳定,消除身心疲劳

人在情绪不佳,或者是身心疲劳的时候,记忆效果会受到很大影响。在记忆的艰苦劳动中,一定时间的休息好比是记忆的润滑油,会加快储存信息的进程。而疲劳则会减弱脑细胞的活动能力,使接受、理解、记忆的能力变得迟钝。同学们应该有这样的一种体验。向微波荡漾的湖面投进一块石头,激起的波纹很快就消失;但向水平如镜的湖面投入一块石头,激起的波纹却久久不会消失,记忆也是这个道理。大脑皮层好似湖面,记忆内容便是投入其中的石头,如果此时情绪稳定大脑皮层活动也是稳定的,很容易接受和记忆外界传入的信息,形成清晰的记忆。所以记忆的关键是平心静气,精神放松。举世瞩目的瑜伽记忆法正是利用了这一规律。

要保持情绪稳定,就要消除身心疲劳。我们熟知这样的现象,大运动量活动后想坐下来学习,几乎是办不到的,就是看平时有兴趣的书,也会如读天书,不知所云;考试前连续开夜车的人,不管人怎样努力也不会有好的效果,人们常说的"临阵磨枪,不快也光",就说出了这个道理。因为没有真正学进去——"不快",只学到一点儿毛皮——"光",与其把自己搞得那么紧张,不如索性休息,等头脑清醒、浑身清爽时学个痛快。因为疲劳的身心显著降低了脑细胞的活力,从而影响记忆效果。

第三节 关于语文记忆的几个方法

状元如是说

2005年山东省理科状元张振是这样总结语文复习的，"我学习语文的第一个方法是积累记忆法。语文学习是一个长期的积累过程，大部分知识的获取都要靠平时的积累，所以我一般用积累记忆法来掌握一些基础知识，比如字、词和一些诗词的记忆。这种方法主要是，将平时老师讲授或自己学习时遇到的一些字词的音、形、义和一些名篇名句随时记到自己的笔记本上，然后每隔一段时间进行一次总结，将这期间积累的东西进行归纳，这样日积月累就可以掌握很多零散的、不容易集中记忆的知识。"

语文学习重在积累，积累的关键是记忆。很多同学抱怨自己笨，学习过的知识或背过的东西，眨眼工夫就忘记了。其实，这是没掌握好记忆方法。就高考语文复习阶段来说，时间短，内容多，任务重，一些重要的概念定义以及方法要领等需要记忆。语文记忆的方法有多种，对不同的内容要采用不同的记忆方法。

1.朗读记忆法

在语文学习中，我们往往遇到一些要求背诵的课文或者诗词等，朗读记忆法就是一种很好的记忆方式。朗读记忆法简单的解释就是一遍一遍地念，直到熟读。心理研究表明，这种记忆法效果好的原因是由于视觉记忆、听觉记忆、语言运动记忆等多方面记忆功

能一起协同参与的结果。朗读记忆法一般应按步骤进行：

（1）理解性朗读。边读边理解，用心体会，尽量把速度放慢，甚至可以读读停停。同时可以勾画下一些重点的词语或句子。

（2）熟记性朗读。在理解的基础上熟记内容，速度适当的可以加快一些，在难理解的地方、重点的词句处反复朗读。

（3）背诵性朗读。在熟记的基础上，尝试背诵，可以背背看看，看看背背。

（4）再现性朗读。在尝试背诵的基础上，离开原文，靠回忆读出课文。

（5）巩固性朗读。在全部再现记忆的基础上，进一步熟诵。要想朗读记忆发挥作用，必须注意：朗读时一要正确，读准字音，不加字，不丢字，不重复，不颠倒；二要流利，也就是朗读时要熟练，流畅，自然，速度适当；三要有感情，使身心融入原文的意境之中；四要专注，若有口无心就不会收到记忆的效果。

2.理解记忆法

2008年内蒙古文科状元郑植认为，只有"理解记忆"方能领会"万变不离其宗"。在语文学习中，无论是对字词的掌握，还是对各类概念的掌握都离不开理解。应在抓住特征、理解本质的基础上去进行记忆。如："线"、"钱"、"浅"、"栈"，根据声旁我们可以知道它们的读音大致与"笺 jian"相近，根据形旁我们可以知道它们的字意内容分别与"丝"、"金"、"水"、"木"等事物有关。又如，理解了小说中环境描写与刻画人物之间的关系，就可以根据某一段的具体内容，从"交代背景、渲染气氛、衬托人物、推动情节"的角度去考虑写景与写人之间的关系了。

3.联想记忆法

语文联想的方式其实很多。可以进行横向的相关联想，例如，从一个作家可以联想到他所处的朝代、作品、出处、对这个作家的评价等；从一个朝代可以联想到与他同代的作家、作品、时代背景、作品

风格等。还可以进行纵向的相关联想，例如，由一部作品可以联想到作品的文体、内容、主题、写作手法、名言警句等；由介词的功用联想到介宾短语的特点，进而联想到"介宾短语一般在句中充当状语或补语"的句子成分划分方法等等。再例如，按作者的写作思路进行联想记忆，效果极佳。如郭沫若的《天上的街市》，按"街灯→明星→街灯→街市→牛郎织女→生活"联想、想象，易于记牢。

运用联想记忆的方法可以把许多知识联系起来，贯穿成线，形成知识网络，便于我们在记忆知识时顺藤摸瓜，由此及彼地记住所学的相关知识。

4.比较记忆法

比较记忆的方法应用的范围很广。例如：在修辞学习中可以把比喻与拟人及夸张作比较、把排比和对偶及反复作比较、把设问和反问作比较；在语法学习中可以把宾语前的定语与谓语后的补语作比较；在文言文学习中可以把同一词语在不同语境中的词义、功用作比较……。比如，要记叙与议论这两种表达方式在不同文体中的功用，采用列表对比的方法进行比较记忆，就会容易得多。试看下表：记叙的表达方式议论的表达方式特点交代人和事物的基本情况（概括或详细叙述）针对人或事物发表作者的见解和主张（直接谈看法或有完整的过程）。在记叙文中写人记事，以情感人。发表看法，揭示意义，起到画龙点睛的作用。在议论文中提供事实论据，证明中心论点（事实论据、例证法）。言论说理，证明中心论点（有完整的论述过程），以理服人。

在诗歌记忆中，运用比较法也会取得不错的效果。例如可以紧扣所要记忆的内容与其他材料的异同点来刺激记忆中枢。如背诵李白的《黄鹤楼送孟浩然之广陵》中"孤帆远影碧空尽，唯见长江天际流"一句时，可选择岑参的《白雪歌送武判官归京》中的"山回路转不见君，雪上空留马行处"，同是送别，异曲同工，字里行间无一字包含送别，但又无一字不蕴涵对友人的依依惜别之情。

第四节　巧记英语单词

状元如是说

刘阳（北京大学法律系学生，2006年黑龙江省高考文科状元）认为，外语是一门学起来有趣、用起来实惠的科目。学习外语，你不仅掌握了一门语言，随之也接触了一个民族的文化，受益匪浅。学习外语跟煲汤一样，是细活慢工。特别是词汇量的掌握，背单词时，不要孤立地背，可把它放到具体的语境中去（如课文或老师给出的例句中），这样既容易记忆又利于加深记忆。

下面是一位高中同学学习英语的困惑：

"我记单词老是记一个忘一个，就像猴子掰玉米掰一个丢一个，真痛苦啊，弄得我连继续学习的信心都没了，像我这样的情况该怎么办啊？有什么好一些适合我这种情况的方法呢？"

单词是语言构成的三大要素之一，它在英语学习中的重要作用和砖头在造房子中的作用一般，它是语言的建筑材料，是构筑知识大厦的基石。对于每一个学生来说，背英语单词真是再熟悉不过的事。一般地说，掌握英语单词没有什么捷径可走，但我们可以选择一些不同方法来巧记英语单词，下面介绍几种记忆英语单词的小方法。

1.卡片记忆法

方法很简单。学生自己制作单词卡片随时随身进行单词记忆，

卡片写上单词的词形、词性、词义、音标、搭配、例句等。耿德健（北京大学经济学院学生，安徽省高考文科第二名）就很推崇这种记忆单词的方法。他认为单词记忆的最佳、最快方法就是卡片记忆法，即将较难单词摘于小卡片上随身携带，有空时就记，效果极佳。这个方法，比较类似于杨金丽（北京大学国际关系学院学生，天津市高考文科第七名）的"手掌记忆"法。

杨金丽的方法就是，如果同学们想重点记忆某个单词的发音或较难拼写的单词，不妨把它写在手心上，并强制自己在洗掉音标或单词前记下来。当你张开手看到它时便重复背诵一遍，这样反复记忆。假定一天背两个单词或音标，百天便要记住二百个易记难记的单词或音标。这些知识的准备可以覆盖 70%的英语试题。

2.归类记忆法

2009 年广西壮族自治区高考文科状元黄嫣（高考总分 629 分，考入北京大学经济学工商管理专业）认为，"记忆不是靠死记硬背，而是要靠理解。"黄嫣说。比如对于英语单词，她都会寻找其中的规律，例如很多单词的反义词只是在单词前加前缀，如果在学习中，能把这一类的单词进行归类，就会便于记忆。

的确如黄嫣说的那样，在英语单词的记忆过程中，如果把所学到的全部单词进行归纳、分类、整理，便能够做到条理清晰，一目了然。

例如：①按题材分类。例如：把名词分为生活用品、动物、植物、水果、食物、家庭成员、人体各部位、学习用具、学科、交通工具、地方场所、星期、月份、季节等；把动词分为系动词、助动词、行为运动词和情态动词，等等。②按同音词分类。例如：see－sea，right－rite，meet－meat。③按形近词分类。例如：three－there，four－your，quite－quiet 。④按同义词分类。例如：big－large，hard－difficult，begin－start。⑤按反义词分类。例如：right－wrong，young－old，come－go。⑥按读音分类。例如：字母组合 ea 在 eat，meat，teacher 中读

〔i：〕；而在 bread，ready，heavy 中读〔e〕；在 great，break 中读〔ei〕。这样不仅单词记住了，而且读音也掌握了。

3.构词记忆法

掌握一些构词法知识，可以大大地增加自身的词汇量。英语构词法主要有以下三种情况：①派生法。这种方法就是在一个词根的基础上加上一个前缀或后缀，从而构成另一个新词，并且与该词根的含义有着密切的联系，此类词便称为派生词。如常用的前缀 in-，im-，un-，dis- 等表示否定含义；后缀 -er，-or，-ist 等表示人；以及后缀 -y，-ly，-ful 等表示形容词性等。如：like－unlike，teach－teacher，friend－friendly 等。②合成法。这种方法就是把两个或几个各自独立的单词并到一起组成一个新的单词，由此法构成的单词便称为合成词或复合词。如：black（黑色的）＋board（木板）blackboard（黑板），class（班）＋room（房间）classroom（教室），foot（脚）＋ball（球）football（足球）等。③转化法。这种方法就是在不改变拼写形式的基础上，由一种词性转化为另一种词性，主要有名词转化为动词、动词转化为名词、形容词转化为动词或名词等。如：water（n.水）water（v.浇水），lift（v.举起）lift（n.电梯），last（adj.过去的）last（v.持续）等。

董霄逢（清华大学土木工程系学生）认为，构词法是帮助我们扩大和巩固词汇，了解词的结构，通过已知成分推知词的含义，从而有利于我们记忆、理解、掌握词汇的一门科学方法。死记硬背只是从词的"形"和"音"两方面获得感觉和印象，没有认识它们"义"的内在联系。我们熟悉了构词方法后，能够根据判断和推理达到"望文生义"、"以形说文"的效果，不仅能记住很多单根词，而且能由此及彼、举一反三地读记大量同根词，在质量和数量两方面迅速扩大词汇量。如 president，由前缀 pre-"在前"，词根 -sid"坐"和后缀 -ent"人"组成，"在前面坐着的人"为"总统"。再如 abstract，由前缀 abs-"脱离"，词根 tract"拉、抽"组成，本义为"从具体中抽出来的"，

abstract 就是"抽象的；深奥的"。追根溯源的方法也有利于加深记忆和理解。如：museum 的前部 mus 为"缪斯"，museum 原是供奉艺术女神"缪斯"的神庙，后来变为研究学问的场所，现在的意思为"博物馆"。cross 是"交叉"的意思，talk 为"说"，由两人一问一答，滑稽地"交叉演说"，便是 crosstalk 的本义"相声"。只要坚持下去，你一定能取得显著的进步，并从中体会到无穷的乐趣。

4.循环记忆法

人的记忆有两种：一种是短期记忆，一种是长期记忆。发展良好的记忆，就在于学会怎样把有用的东西从短期记忆转化为长期记忆。短期记忆大约持续 30~60 秒钟，如我们向查号台问电话号码，打完电话后就立刻忘掉了，但如果在开始忘却的时候重复一次，就会加强记忆。每次复习间隔时间越短，便越有利于记牢。这就是反复循环记忆法的依据。

循环记忆法，一是集中时间，每天抽出比较多的时间，比如 2~3 小时，要一口气读下去，不要今天几个，明天几个，那会记得快，忘得也快，记住了后来的，忘掉了过去已记住的，累计效果差，总的效果也差；二是集中精神，充分利用音、形、义三种刺激信号同时作用于大脑皮层。为了提高效率，要有安静的环境。噪声会扰乱你的注意力，妨碍你的联想。记单词时要时刻提醒自己，这是在攻克单词关，是为学英语打基础，要学好英语，一辈子迟早总得过这一关。

总之，单词记忆的方法多种多样，只有采用科学的、行之有效的记忆方法，认真地、及时地、周期性地复习，才能大大提高英语单词的记忆效果。

第五节　历史联想记忆法

状元如是说

　　2009年浙江省高考文科状元徐语婧尤其喜欢历史科目,她坦言,除了感兴趣之外,对历史知识的学习,还要掌握一些记忆小窍门,自己常用联想法记忆对历史事件及年代的记忆。例如,"公元前202年,刘邦建立汉朝,定都长安",这一点史实,可用联想法记作:"前鸭子下蛋后鸭子看,刘邦定都于长安"。这是因为2像鸭子0像蛋。

　　学习历史要记忆很多内容,因此必须研究和掌握记忆的方法。教育家威廉·詹姆士说:"一个事实,他的心中越是与其他大量事实发生联想就越能很好地记忆、留在心中。"可见,联想记忆法对于记忆具有很大的作用。

　　联想记忆法,是利用识记对象与客观现实的联系、已知与未知的联系、材料内部各部分之间的联系来记忆。

1.联想记忆的类型

　　(1)纵向联想记忆。这是按照历史事件发展时间的先后顺序,按照事物内部因果联系为特征的记忆方法。"纵向联想记忆法"的要点是紧紧抓住"原因"和"结果"、"本源"与"表象"诸项,把它们之间的联系扭合在一起,从而揭示事物的发展规律,说明历史现象的本质,使学生了解历史事件前因后果和来龙去脉。这不但能使学生弄清楚历史事件的内在关系,理清历史事件的规律,认识历史事

件的本质,而且很有利于学生掌握知识,巩固记忆。

（2）横向联想记忆。运用这种记忆法是通过把握同一历史时期不同性质历史事件的相互影响、相互制约的关系,以达到记忆效果的方法。横向联想记忆法的要点是抓住其中一项内容为基本点,左右联想,推及其余的思维方法。这能从横向形成知识结构体系,把知识结构体系输入大脑,概念明晰,印象深刻,记忆牢固,应用方便,随时可以再现知识结构体系信息。

（3）相似联想记忆。历史的发展有着惊人的相似之处,很多历史事件的发生、发展和特点极为相似。这种相似是客观事物的某种联系,相似联想记忆法是反映客观事物之间这种联系的方法。相似联想绝不是等同联想,把它们等同起来是错误的。这种方法的基本点是"相似之处",从同类事物中找到相似之处,再找出它们之间的不同之处,形成同类问题知识异同的记忆网络结构,印象深刻,不仅容易记住,而且记忆比较牢固。这方面的教学例子甚多,在此不一一列举。

（4）相反联想记忆。这种方法着眼于历史事物的对立点,也就是说由对某一事物的思维记忆,引起与它有相反特点事物的思维记忆。对立物是鲜明的,所以运用相反联想来记忆历史知识是巩固的,能够运用相反联想于教学实践,有利于巩固记忆。例如,从林则徐的主张禁烟联想到穆彰阿等反对禁烟;从关天培、葛云飞和陈化成率军英勇抗英联想到琦善、奕山、奕经和牛鉴等破坏人民和爱国官兵抗英斗争的情形,在头脑中形成正反的鲜明对比。

2.联想记忆的途径和方法

（1）依据年代的联想。心理学把因时间相关的联想叫做接近联想。根据它,可以将年代作为支点,通过某一史事的时间,联想到有关的历史事件,这种方法大致有三种:

①同时联想法。这是一种把发生在同一年代的史事结合起来联想的方法。通过"历史大事年表",可以看到许多这类史事,教学

时要善于利用。如由 1689 年彼得一世开始独掌大权,就可联想到英国通过《权利法案》和中俄《尼布楚条约》签订的史事。其作用,可对史事作横向比较,以发现不同地区的发展动向。

②近时联想法。这是一种把时间相近的史事连接起来联想的方法。如义和团运动的年代,可先复习甲午中日战争的时间,再联想四年后的戊戌变法,然后以"两年后"联想导出。这种方法一般在引述新课史事时间时使用。具有强化其发生年代与复习相近史事时间的作用。

③时距联想法。这是一种利用史事发生时间距离相等的巧合来进行联想的方法。如 1689 年英国制订《权利法案》、1789 年法国人民攻占巴士底狱、1889 年第二国际成立,是百年为距的例子。这种方法,能够提高历史知识的熟记程度。

(2)依据地点的联想。把空间上有关联的现象连接起来回忆。这类联想,因支点不同,也可分为三种:

①同地联想法。它以同一地点为基础,联想不同时代发生的史事。如北京,联想的史事包括郭守敬开凿通惠河、元朝大都繁荣景象、明初营建北京和李自成攻占北京等。这样联想,既可掌握有关的历史知识,又能了解该地的历史发展概况。

②类似地点联想法。它以同类地点为基础,以联想相关的历史事件。如三国时期的都城,提及魏都洛阳,就联想到蜀都成都,以及吴都建业。又如两宋都城,在说到南宋临安时,就可能联想到北宋的东京。这样联想,可以将同类历史现象展示出来。

③空间移动联想法。它以史事发生地点的移动变化为基础,联想有关史事的发展过程。如红巾军起义的主要过程,可以将颍州起义、亳州建宋和汴梁定都提出来联想,以揭示其发展趋势。这种方法,可结合历史地图复习时使用,有助于相关史实内在联系的展现。

(3)依据人物的联想。按照历史人物的成败、得失、功过和是非,可以将这类联想分为两种:

①人物活动归类联想法。一个历史人物，如教材记述其史迹较多，就可依托其人归类联想其事。一生活动性质一贯的，如李大钊，他参加新文化运动，领导"五四"运动，筹建共产党和第一次国共合作，这些史事就可以他为基点进行联想。有些历史人物功过并存，这就需要分类进行联想，以便给予正确评价。如左宗棠，他镇压过太平天国和捻军，但又参与洋务运动和收复新疆，就适合应用分类方法联想。

②人物活动类比联想法。不同的历史人物，可能活动相同或类似，可能作用一样或相反，于是就有连接起来进行类比联想的可能。如通过玻利瓦尔活动的作用，可以联想到圣马丁的事迹。再如辛亥革命准备时期的孙中山和康有为，他们的活动是沿着不同轨道行进的，回忆时自然应当采取对比联想的方法。

（4）依据史事的联想。从史事内容着眼联想，有类似定律、对比定律，以及以因果关系为基础的因果定律。现分述如下：

①类似事件联想法。这是一种以某事引起对与之相同、相似或相近史事进行联想的方法。如纳西比战役、萨拉托加战役、瓦尔密战役和阿亚库巧战役之间的联想，就是以其各自所处的关键地位所决定的。这样联想，有助于对历史事件共同特征的认识。

②对比事件联想法。这是一种将相反或相异史事连接起来回忆的联想方法。法国资产阶级革命与俄国十月革命的联想是相反史事之例，对比的结果可以看到因阶级属性不同而产生的特征。中国戊戌变法与日本明治维新的联想可以看做同中国有异史事之例，对比以后可以找到产生不同结果的原因。

③因果事件联想法。这是一种从史事因果关系入手的联想方法。史事之间，存在着因果之故与紧密相承的关系，务必要同在此之后和区域相连区别开来。由于这种关系在不同领域史事之间存在，所以联想就有经济—政治型、政治—文化型、军事—政治型和经济—军事型等。就具体史事来说，它有产生的原因，又导致一定

的结果,因而既是结果又是原因,于是联想时就会形成如下的思路连环:"原因——结果〔原因〕——〔结果〕"。这些在进行因果联想时,都是应予注意的。

第六节　五种记忆生物的方法

状元如是说

　　2008 年以 137 分夺得广东省高考生物科状元的东莞中学学生陈景良认为,生物学是研究生命现象和生命活动规律的科学,要求记忆的内容很多,适当的记忆方法可以提高记忆效率,增强学生学习生物的兴趣。

　　记忆是学习的基础,是知识的仓库,是思维的伴侣,是创造的前提,所以学习中依据不同知识的特点,配以适宜的记忆方法,可以有效地提高学习效率和质量。范佳琳（2007 年河南省安阳市理科状元,现就读于北京大学）认为,高中生物学需要记忆的知识多且有的比较抽象,甚至被认为是理科中的"文科"。有不少学生在学习生物学知识时,不懂得如何用好的记忆方法提高学习实效。她觉得生物学中有些问题可以通过方法、策略来理解和记忆。

1.理解记忆

　　理解是记忆的基础,理解了的知识才能记准、记牢,才能灵活应用。对要记忆的基础知识、基本概念,先理解知识的组成及其关系,对知识进行加工整理,变成形式简单、层次清晰的知识链,便于记忆。

例如,细胞膜的结构特点是具有流动性,功能特性是选择透过性。很多同学容易把它们混淆起来,难以辨认。其实只要理解细胞膜的结构和功能就能准确的记住。从结构看,细胞膜主要由磷脂分子和蛋白质分子构成,这些分子大多都可以运动。也就是说构成细胞膜的分子是运动,所以结构特点是具有流动性。从功能看,它控制着细胞的物质交换,物质通过细胞膜大多需要载体运输,载体具有专一性,导致某些离子、小分子能通过,而其他离子、小分子、大分子不能通过。也就是说只有细胞选择中的某些离子、小分子才能通过,所以具有选择透过性。

2.对比记忆法

在生物学学习中,有很多相近的名词易混淆、难记忆。对于这样的内容,可运用对比法记忆。对比法即将有关的名词单列出来,然后从范围、内涵、外延,乃至文字等方面进行比较,存同求异,找出不同点。这样反差鲜明,容易记忆。例如同化作用与异化作用、有氧呼吸与无氧呼吸、激素调节与神经调节、物质循环与能量流动等。

3.五官并用记忆法

心理学认为,记忆实质上是感知过的事物在人脑中留下的痕迹,所以靠多种感官感知则比单靠某一感官感知留下的痕迹要多、要深。在日常的学习中,大多数同学只知道用单一感官感知,要么只用眼看,要么只读,要么只是手写,而很少多种感官并用,故记忆的效果就差。为此,我们要求学生在记忆过程中,尽可能调动多种感官,协调记忆,做到眼看、耳听、口读、手写、脑记,其中最重要的是脑记,切莫心不在焉。

4.推导记忆法

生物学上有因果变化,有因才有果,但因是怎么导致果的,这需要学生将其中的变化过程分析清楚,这样才能真正从本质上来理解其因果关系,从而达到更好的记忆。如基因突变与性状的关系。学生一般认为基因突变会改变生物的性状。从中心法则来看,

DNA（基因）→mRNA→蛋白质（性状），基因通过转录和翻译控制蛋白质，从而控制性状，基因改变了，那么性状也就改变了。其实学生没有真正掌握它们的内在关系，原因出在 mRNA 上的密码子，密码子共 64 种，其中 3 种为终止密码子，61 种为决定 AA 的密码子，而 AA 只有 20 种，所以有些 AA 是由多种密码子决定的。基因上碱基的改变，会导致密码子改变，但不一定会改变其所决定的 AA，所以基因突变可能会引起性状的改变，也可能不会引起蛋白质的改变。通过这样的推导才能真正掌握这一知识点，所以因果类的知识内容，用推导记忆的效果会比较好。

5.结构体系记忆法

此种记忆方法多用于复习。学完一节、一课、一本书总要进行复习巩固，这就需要学生必须了解所复习内容的结构体系。首先找出贯穿于知识的主干部分，再根据知识间内在的逻辑关系把分支内容串联在主干之上，抓住主干顺序记忆分支内容，再把每一分支中更细小的内容填充进去，个个知识点犹如"冰糖葫芦竹签串"，可以有效地避免遗漏或张冠李戴的毛病。

总之，记忆知识的方法很多，以上五种是比较常用且行之有效的学习方法。每个学生都有自己的特点，应根据自己的特点选择适合自己的学习方法。掌握了好的学习记忆方法，才可以提高学习兴趣。

第七节　增强记忆力的 8 种食物

状元如是说

2008 年河北省高考文科状元韩欢认为，记忆是学习的重要环节，是巩固知识的重要手段。科学记忆，有利于提高

学习效率,有利于加速知识积累。高三学子不要迷信很多的"补脑"增强记忆的补品,平时营养搭配上多注意吃一些增强记忆力的食物,会有好处。

如何加强记忆功能呢?尽管没有什么可以取代睡一个好觉来增强记忆力,但是食物选择,包括饮食习惯都对加强记忆发挥了作用。特别是临近高考的日子里,考生的营养搭配颇为重要,但补充营养并非乱吃一通,应选择一些有利于增强记忆的食物。以下给学子们列出 8 种对增强记忆力非常有帮助的食物。

1.鲜鱼

可以向大脑提供优质蛋白质和钙。淡水鱼所含的脂肪酸多为不饱和脂肪酸,不会引起血管硬化,对脑动脉血管无危害,相反,还能保护脑血管、对大脑细胞活动有促进作用。非常有利于增强人的大脑的记忆力。

2.胡萝卜

可以补充 β - 胡萝卜素,这个同学们都不会陌生。但美国哈佛医学院的研究人员公布了最新的研究成果:如果常年补充 β - 胡萝卜素,可以帮助大脑增强记忆,还能保护大脑其他思维功能。

3.花生

花生富含卵磷脂和脑磷脂,它是神经系统所需要的重要物质,能延缓脑功能衰退,抑制血小板凝集,防止脑血栓形成。实验证实,常食花生可改善血液循环、增强记忆、延缓衰老,是名副其实的"长生果"。

4.橘子

橘子含有大量维生素 A、维生素 B_1 和维生素 C,属典型的碱性食物,可以消除大量酸性食物对神经系统造成的危害。考试期间适量吃些橘子,能使人精力充沛。此外,柠檬、广柑、柚子等也有类似功效,可代替橘子。

5.菠萝

菠萝含有很多维生素 C 和微量元素锰，而且热量少，常吃有生津、提神的作用,有人称它是能够提高人类记忆力的水果。菠萝常是一些音乐家、歌星和演员最喜欢的水果,因为他们要背诵大量的乐谱、歌词和台词。如此,对学生提高记忆力来说也是非常有好处的。

6.鸡蛋

大脑活动功能,记忆力强弱与大脑中乙酰胆碱含量密切相关。实验证明,吃鸡蛋的妙处在于:当蛋黄中所含丰富的卵磷脂被酶分解后，能产生出丰富的乙酰胆碱，进入血液又会很快到达脑组织中,可增强记忆力。国外研究证实,每天吃 1~2 只鸡蛋就可以向机体供给足够的胆碱,对保护大脑,提高记忆力大有好处。

7.牛奶

牛奶是一种近乎完美的营养品。它富含蛋白质、钙及大脑所必需的氨基酸。牛奶中的钙最易被人吸收,是脑代谢不可缺少的重要物质。此外,它还含对神经细胞十分有益的维生素 B_1 等元素。如果用脑过度而失眠时,睡前一杯热牛奶有助入睡。

8.小米

小米中所含的维生素 B_1 和维生素 B_2 分别高于大米 1.5 倍和 1 倍,其蛋白质中含较多的色氨酸和蛋氨酸。临床观察发现,吃小米有增强记忆的作用。如果平时常吃点小米粥、小米饭,将有益于大脑的保健。

第六章
阅读是高考状元的成功锦囊

　　阅读可以扩大我们的知识面，激发我们的想象力，锻炼我们独立思考的能力以及理解力。与小学阅读不同的是，中学生的思维发展决定了中学生能比小学生读得更深刻，思考和理解得更深入。因此，多读一些优秀的书籍和文章，并反复阅读经典书籍，非常有利于提升中学生的思考、理解能力，并最终取得较好的学习效果。

第一节　清华、北大学子的阅读感悟

状元如是说

　　朱师达（2005 年湖北省理科状元）在谈到英语学习时坦言，自己在课余时间就经常阅读一些原汁原味的英文文章，锻炼自己的阅读和理解能力。手边常备词典，不懂的单词勤查勤记，而且不局限于平日读书看报时遇到的生词，广告牌、包装袋上的生词，他也会加以留心。

　　苏霍姆林斯基说过："学会学习首先要学会阅读，一个阅读能力不好的学生就是一个潜在的差生。如果在小学没有教会学生迅速阅读，他日后学习中就会遇到无法克服的困难。"人才源自知识，而知识的获得跟广泛的阅读积累是密不可分的。"读书破万卷，下笔如有神""熟读唐诗三百首，不会吟诗也会吟"等，无不强调了多读书广集益的好处。

　　"问渠那得清如许，为有源头活水来。"我们的思想、我们的智慧，需要源头活水，而这源头活水有一大部分来自于读书。老师课堂上传授的书本知识，仅仅是举例而已，更多的知识要靠我们自己去了解，了解的方式就是阅读。

　　"读万卷书，行万里路"，读书是认识事物、获得知识的最广泛

且最便捷的途径之一。

1.阅读有益于课本学习，提高成绩

北大法学院 2001 级的彭鹏同学认为，语文和数学相反。做语文题时，感性重于理性，因此大量做语文题如同重拳打进棉花堆，吃力却无效果。但一部分"死记硬背"的分还是要拿的，如拼音、错字、成语、名言警句。这类题目虽多，但常考的知识点却只有几个，他向大家推荐《中学生错别字、易错词、病句手册》(俞晶晶主编，中国少年儿童出版社出版)，以及《语文基础知识手册》(吉林人民出版社出版)。彭鹏认为文科生重视新闻，好处绝不仅仅体现在十几分的时事政治上。新闻背景分析，往往会成为高考文科综合题的答案。而且英语的阅读理解材料也往往从新闻花絮中选出。至于什么时间看，他建议收看《现在播报》，2001 年英语高考的 5 篇文章中，前两篇他都在《现在播报》中看过。北大 2001 级学生曾风同学也说，要想学好语文，就得多读多看！读就读语文课本，"读"就得读出声；看就多看《读者》《语文报》。她向大家推荐《语文报》，她觉得《语文报》是学习的良师益友，寓教于乐，使她的语文成绩一下子提高了很多。

2.利用点滴时间阅读，积少成多

2009 年安徽省理科状元陈硕嵩同学学习语文的方法是：从教材中学好一些基本的阅读、写作方法和文学常识，然后在不影响其他学科的前提下，拿出相当的时间进行课外阅读。这里的"相当"并不是要拿出大块时间，而是当你做数学题做烦了的时候，拿出《读者》或《青年文摘》读上一段几百字的小文章，既使大脑得到休息，又学到了知识。放学了，与其马上冲出去挤在校门口耽误时间，不如先坐在教室里读一篇科学小品，等人走得差不多了再回家。这样零零碎碎的时间放在一起，就相当可观了。陈硕嵩建议大家常读些精短的文学、科学作品，从中体会作者的思路、表达手法，了解最新科学动态，既可丰富头脑，又可提高语文水平。

陈硕嵩说:"这是一个知识大爆炸的时代,要求人具有丰富的想象力和创造力。因此,高考的题目一定会加大对考生创造性与想象力的考查。无论学习语文还是外语都不能死抠语法,语法分析只是帮助我们理解语言的几种手段。语言是交流的工具,将伴随我们一生,我们一定要学好它。"

3.阅读产生写作灵感

如果说陈硕嵩同学是积少成多,经常阅读一些精短的文学、科学作品用以拓宽思路,丰富头脑的话,那么张羽修同学(2001年考入北京大学政治系)则是在阅读中感受到犹如清风拂面,进而怦然心动产生写作的热情。

张羽修在高中时很幸运地遇到一个人,点燃了一束属于她的火花,她就是她的语文老师潘晓娟。按《挪威的森林》里的说法,世上的人分成善为人师和不善为人师两种,张羽修赞扬潘老师是前一种。她觉得潘老师讲每一次课,都会很自然地从主题出发,进行环环相扣的联想,且在联想中渗透着对读书和生活的思考,于是主题就轻松地得到深化。更重要的是,潘老师能够引发人的思考,就像有一个人在封闭的空屋子里,她在外面猛烈地叩门,使里面的人注意到外面的世界,活动着全身僵化的关节,想要出去看看,看过了又想说上几句。

高二时张羽修开始看《南方周末》,开始了解一些著名的文学作品,开始接触一些历史政治书上没有的事实和观点,才发现自己原来沉睡了这么久。那时候张羽修产生了写东西的冲动,迫切地想把自己的思路记录下来。那是高中三年唯一的一次,她感到自己有了激情。有激情的感觉是很幸福的——她到现在还这么想。

她大概有 3/4 的练笔是在高中完成的。揪住老师上课时对报上某消息的几句评论,就会写上几百字;重看一遍张爱玲的小说,也要长篇大论好几页。那种一气呵成的快感是以往写作文所没有过的。那时对生活环境的敏感也空前强烈,大脑中常常有火花进

射出来，以至于她曾经一度认为自己的人生观在某些方面已经成型不会再改变了——她感到自己是那么清醒，那么有成就感。她认为在高二时学会思考，是很有意义的。

4.学语文重在积累，积累重在阅读

"语文的特点是'欲速则不达'"，2008年上海语文单科状元，现在北京大学就读的郑玉婷说，"学语文重在积累，积累重在阅读，综观近几年高考试题，阅读越来越成为重头戏。其实作文、语言实际运用等都是在考查我们的阅读量。因此我建议大家多读点《中国青年报》、《语文报》等，其时代性很强，对我们挺有帮助。"

但我们读书要有目的，可建立一个'集锦本'，有好文章随手摘录下来，以后可为己所用。其次，阅读不能褊狭，不能只读趣味性的文章。天文地理、科技前沿不妨都涉及一点。如果同学们想在较短时间内占有更多的资源，不妨同学间多交流一下，参阅一下彼此的'集锦本'，合作学习，既提高效率，又促进友谊。"

5.阅读扩大英语词汇量

英语应该是一个系统工程，听力、阅读、作文样样不可忽视。要学好英语，最基本的是要掌握好单词，尽量扩大词汇量。而大量阅读是巩固、扩大词汇量的好方法。据心理语言学家研究，大脑对来自不同途径的信息吸收率是有差异的，视觉为83％，而听觉只有11％，可见阅读在英语学习中的重要性。

郭薇（2008年陕西省文科状元）说，多读是扩大词汇量，提高能力的好方法。她认为《英语周报》不错，建议中学生多看看，因为英语也重积累，比如积累知识点、易错题、典型题、类同题等，余暇时不妨多翻一下字典，付出了劳动，便会有收获。

6.阅读开发智力

阅读是一种以语言符号为媒介，包含有丰富的、超越现实生活内容的活动，会让阅读者的"语言系统"发育得更好，同时可以让他的"智力背景"更为丰富，从而使得思维能力及学习新知识的能

力更强。

做个形象的比喻：学习能力的构建好比盖房子，"语言系统"就相当于工具，"智力背景"相当于工程背景（地基勘探水平、工程设计水平、工人技术水平、施工管理水平等无形但重要的内容）。有好的工具和完善的工程背景，整个盖房子的过程就是件比较轻松的事了，也能保证质量；如果工具和背景都差，施工质量就可想而知了。

孩子在小学，甚至初中低年级时，仅仅依靠聪明是可以取得好成绩的，但如果没有阅读垫底，年级越高越会显出力不从心。这正如简单的建筑工程对工具及背景条件要求不高，越是宏大精美的工程，对工具及背景条件要求越高一样。

许多清华、北大学子从小就开始了阅读生涯，从阅读中接受启蒙教育。阅读对智力的开发有很大的帮助。苏联著名的教育家苏霍姆林斯基也极力主张学生在少年时期就要通过大量的课外阅读，从而过上一种丰富的、多方面的智力生活的，"使书籍成为智力生活中的指路明星"和智力发展的广阔背景，这的确是真知灼见。

2009年湖北省文科状元李洋，现就读于北京大学光华管理学院。李洋从小就喜欢读书，有一定的阅读能力。他能够在高考中成为高考状元，与他从小就在阅读中接受启蒙教育是分不开的。

7.阅读培养自学能力

自学能力很强的人，在高考当中大多能获胜，而且将来还会成为有建树的英才。自学能力是培养出来的。阅读是培养自学能力的必要途径。

2008年江苏省高考状元祁明怡同学，从小就培养自己的自学能力。她利用课外时间看参考书，看参考资料，阅读杂志报纸，还读了许多小说。

祁明怡同学说："老师讲课的速度比较快。大部分同学是跟着老师走，我要求自己提前学。我觉得主要是在初中以前培养好的学习

习惯，好的学习方法，然后就靠自己摸索。我提前看课本，看参考书，把书上的定理都先吃透。跟着老师走的时候，我再看一些参考书。我不是老师教什么就去学什么，而是自己自觉地去探索知识。"

第二节　高考状元的读书习惯

状元如是说

　　来自厦门外国语学校的高三女生、北京奥运会火炬手蒋艺以总分713分（原始分为693分，获省优秀学生加20分）夺得2009年福建省理科状元。蒋艺认为，阅读相当重要。要培养自己的阅读习惯，比如睡前半小时也可以看看书，边看边画，所谓"不动笔墨不读书"，有助于加深印象。或是去上课的路上，哪怕只有几分钟，也可以回忆一下昨天晚上看过的书，让知识在脑海里浮现一遍。

　　学习习惯是指学生本人在学习活动中经过多次重复和练习而形成的固定的行为方式，它是行为和心理的有机结合。良好的学习习惯是寻求知识和熟悉技能的习惯，它使学生随时随地表现出好的学习态度和好的学习方法，好像出于本能一样。养成良好的学习习惯不是一朝一夕能实现的，需要学生在家长、老师的指导下，经过艰苦努力，持久练习逐步养成。良好的学习习惯使人终身受益。

　　1.养成独立思考、独立完成作业的习惯

　　陈亚玲，2006年高考广西壮族自治区理科状元，毕业于柳州高中。高考成绩684分，其中语文123分，数学132分，英语144

分,理科综合 285 分。由于父母远在外地工作,长期住校的陈亚玲独立性很强,性格乐观、稳重,学习和生活都不用让人担心。陈亚玲刚上一年级时,爸妈就明确地告诉她:"学习是你自己的事情,应该由你自觉地把学习搞好。"这种做法培养了陈亚玲学习的自觉性。陈亚玲坦言,"爸妈很开明,在学习上也没有对我有很特别的要求,只要做完了作业,就开心地去玩。一直以来都喜欢独立思考和完成作业,所以父母对我也很放心。"正是因为陈亚玲有如此良好的自理、自立能力,才让她在学习上取得了骄人的成绩。

2.养成预习和自学的习惯

在老师讲授新课之前,学生有计划地自学新课内容,可以改变听课时的被动局面,还可以提高听课的效率。

北大学子刘翔同学上学前就已经基本掌握了小学一年级的知识,以后在寒暑假时都要把下学期要学的课本浏览一遍,对于不懂的内容下学期上课时就留心了。而清华学子何苦同学,则是初中看高中的数学书,高中看大学的数学书,总是学在前面。

清华学子唐念鑫强调:良好的自学习惯是取得优异成绩的关键。步入高中,每一科的教师都得突出对学生自学能力的培养。因此自学成了我们的重要学习手段。在课堂上有限的 40 分钟里,教师只能将知识的精髓点教给我们,余下的消化理解、融会贯通以及练习运用大多要在课后由我们自己完成。在这种情况下,预习和复习就显得十分重要了。课前做好预习,明确了教师讲课的重点,那么学起来便轻松多了。及时复习可以帮助我们牢固地记忆知识,主要内容是练习做题,不求多,但求精。预习主要是读书时,边读书边思考,并且勤于动手。比如英语的预习,不仅要背下单词,更应该熟悉课文,这样对上课时接受教师的讲解很有好处。把读书与做题有机结合起来,做到读书有条理、做题有目的。自学习惯的养成要有一个过程,我们可以向教师请教,也可以与同学交流,还可以随时随地从社会各个方面吸取经验。长期坚持下去,经过不懈努

力,任何人都会养成良好的自学习惯。

3.养成做事有计划、有条理的习惯

2009 年黑龙江省高考状元郝艺（现就读于北京大学光华管理学院）5 岁就开始读《三国演义》。郝艺的父母都在佳木斯教育研究学院工作。父亲郝玉明在郝艺小学一年级时,就帮助郝艺根据学校课程表制订了一个计划。郝玉明认为,有了一张作息表,孩子就等于有了一位无声的老师在帮助、监督他。孩子可以按表上的规定安排、活动与休息。久而久之能养成做事有计划、有条理的良好习惯。作息表不仅是告诉孩子每天做什么,最关键的是告诉孩子,每天的每段时间最适合做什么。清晨醒来是记忆效果最好的时间,此时是学习的最佳时间。晚上临睡时,把一天学习的内容"过电影",也有利于记忆。可指导孩子用好清晨和临睡前的时间,让孩子利用最佳学习时间学习,达到事半功倍的效果。

4.多读课外书籍和报刊

海南省 2009 年高考文科状元陈之伊小的时候就喜欢读书看报。刚开始时,父母有意识地营造家庭的读书环境,培养她读书看报的习惯。那时候,父母给她选好合适的书籍、刊物读给她听。渐渐地,她开始自己选择喜欢的报刊阅读。这个每天读书看报的习惯,一直保持着。即使上初中、高中时,课程多、压力大,陈之伊每天在课余时间依然会"挤"出时间来看课外书刊。读书看报已经成为她生活中一个不可或缺的部分。陈之伊觉得,其实读书看报是一件非常有意义的事情。家里订阅了好几种报刊,包括《参考消息》、《英语辅导报》、《读者》、《英语世界》、《世界地理》、《海南日报》等。通过读书看报,扩宽了知识面,对学习有很大的帮助。比如,作文写作需要结合社会热点问题,平时从报刊上多了解、多接触,就能在写作文时得心应手。另一方面,读书看报可以拓宽自己的视野、调整心态,让自己能以平常心来看待高考,在高考中轻松上阵从而取得好成绩。

5. 养成持之以恒的读书习惯

2008 年河北省理科状元马欣然从小学开始就打下了很好的基础。因为基础好，学习成绩也好，所以她学习起来兴趣比较浓厚。她除了看课本之外，还阅读很多的课外书，马欣然最喜欢读的书是《红楼梦》，她觉得从《红楼梦》里可以学习到很多东西。马欣然的阅读习惯一直贯穿整个学习阶段。她说她的学习不是被动地学习，而是主动地学习。

清华学子程子建同学，从初中开始，每天晚上吃过晚饭后，就开始做家庭作业，作业做完后预习功课，临睡前还要阅读一会儿《读者》、《青年文摘》或者英文读物及报纸。一年 365 天，几乎天天如此。这种有规律的读书学习生活，已经成为一种习惯。甚至节假日与家人一块外出，也是书不离手。只要一有空闲，他就聚精会神地进入他的书中，绝不会受外界的干扰。

第三节　阅读与各学科的关系

状元如是说

2009 年河北省文科状元陈璐认为，广泛的阅读不仅拓宽了自己的知识面，而且提高了自己理解分析问题的能力。在谈到语文学习时，陈璐说，语言是文化老坛酿造的陈年酒，离开文化的浸淫，语言就失去了生命，如冬日枯枝，开不出有文采的花朵。学好语文，关键在于积累字词句篇，品味字里行间流淌的诗意。阅读构筑人的精神家园，没有涉猎群书、感悟经典的阅读体验，很难领会语言文学的精

妙之处。多读文学作品，是学好语文的必由之路。生活在中文语境里，要注意正确使用中文，品味语言之美，才算带上聆听的耳朵。

学习从阅读开始。新大纲认为，阅读是一种对话，阅读就是让人在阅读世界里达到自我与自我、社会、自然的交流，体验生命的世界和生活世界。在谈阅读重要性的时候，很多同学可能会狭义地认为阅读仅仅是语文课堂教学的要求，对于其他学科却无关紧要。其实这个观点是错误的，让我们来看状元们是怎么认为的。

1.吃透教科书，精选一两本参考书学数学

数学是高考中必考的一门课程，把握着高考成功与否的命脉。学数学要采用精读的方法，不仅要"精选"，还要将精选的书读透，将题义理解彻底，"书读百遍，其义自见"。

教科书是经过众多专家、学者，优秀教育工作者共同编写的，蕴涵了丰富的内容和精妙的思维方法。绝妙的思维方法可以大大缩短解题时间，在高考这个争分夺秒的关键时刻，往往使考生受益匪浅。

阅读并非狭义的阅读。在这里，笔者将其归纳为直接经验和间接经验的获取。间接经验指的是通过他人传授所获取的经验，这种途径只有一个，那便是课堂听讲。在课堂上，老师通过例题所传授的思维方法是获取经验的重要来源之一，它是学生获取经验最快捷、最高效的方式。直接经验指的是通过个人的理解，推导所获取的经验。一般在课后，同学们可以拿一两道题来琢磨、研究，这是锻炼自己独立解题能力以及拓宽思路、提高解题严密性和深度的绝佳途径。譬如，《立体几何》一书中，从几个有限的公理，就推演出了立体几何理论体系，推理方式很精妙，多加琢磨，你肯定能改进个人思维定式，培养理性思维。另外，高考解题步骤要求写得清楚、简洁，而教科书就是深入浅出地表达理论，注重解题过程的典

范,由此同学们应该仔细地读书,平心静气地去挖掘书中的精华。

2009 年重庆市理科状元夏诗耀同学强调,阅读教科书绝不仅仅是要记住各个知识点,更重要的是领悟教科书中所包含的思维艺术。夏诗耀在高考来临前一个月,几乎没做什么题,只是拿起教科书,慢慢阅读、消化。读完后,他觉得许多题型都能在教材上找出相似的例题,也有相当多的知识曾被忽视。他体会到了由量变到质变的飞跃,再看高考题,真是"似曾相识燕归来"。

2007 年广西文科状元林丽渊在谈到数学学习时坦言,自己除了做老师布置的作业和学校发的卷子外,只精选一两本课外参考书作为参考。有些人买了一大堆参考书,结果手忙脚乱做不过来,到处象征性地"蜻蜓点水"一下,最终还是一无所获。与其这样,还不如集中精力吃透一两本参考书的效果好。

2.课外阅读是学好物理的另一个法宝

阅读不仅可以给人带来知识,还可以给人带来崭新的思维方式。清华学子王思余同学说:"课内学习主要是针对书本上的概念而言,这些是物理大厦的基石,应牢牢地掌握,可以用一本笔记本抄录,但切记不要死记硬背,理解记忆是学理科的法宝,效率比机械记忆高百倍。"

"阅读课外的物理书籍是学好物理的另一个非常重要的法宝。从小我就读过《趣味物理 100 题》之类的书,被其深深吸引,进了中学就会主动寻找书来读,主要是物理类的科普读物。像别莱利曼著的《趣味物理学》,霍金的《时间简史》,等等。《趣味物理学》中所描绘的引人入胜的物理世界定会使你大开眼界,而《时间简史》则介绍了当今最前沿的物理科技,恐怕只有用心才可能读懂这本书。读书带来的不仅是知识,还有崭新的思维方式。有一位同学曾经提出这样一个问题:电荷的定向流动形成电流,其周围将产生磁场而对场中磁体产生力的作用。然而电荷的运动是相对一个参考系而言的,但磁力却是绝对的,这之间的矛盾将如何解决呢?虽然这场

讨论最终并无结果，可是我们这些爱好者在讨论过程中无疑巩固了电磁学、力学、运动学的众多概念，收获着实不小。"

3.化学需要课外的知识点作补充

现阶段，我国的教育正处于应试教育向素质教育的转型期，作为学生来说，应对应试教育和素质教育，课本知识和课外阅读两者都不可失之偏颇。许多高考状元认为，知识面扩展一些，多看一些科学杂志提高兴趣，对于提高理科学生的数理化三科的学习水平很重要。

北大生命科学院学生李化同学说，课本上化学的知识点比较少，要多做题，只有通过大量地做题，才能发现自己知识点的不足，只靠课本上的知识点是不够的，需要课外的知识点补充。而且现在化学高考题中新题的量比较大，平时要多接触科技方面的新书，比如《科技新时代》，通过浅显的科普读物，掌握自学的能力。

北大学子丁硕同学则认为，化学被称为理科中的文科。的确，化学中需要记忆的比物理要多。这就需要在加强记忆的同时，掌握好各元素的联系，对元素周期表有一个深入的理解，会对记忆元素性质有极大的帮助。另外，增加一些课外阅读，深刻理解微观粒子及各种化学键，对无机、有机的各种反应的记忆都有很大的帮助。

4.扎实课本，多看报刊拓展政治知识

阅读理应是学生学习政治的最基本、最常用的方法之一。如果同学们没有一定的阅读理解能力，要做好题目，获得高分，简直是"难于上青天"。阅读理解能力的培养不只是对学生解题有用，而且对学生终身发展大有裨益，使学生获得终身发展所需要的"金钥匙"和"门票"，让政治课真正回归本色。

2008年广东省高考政治单科状元郑润泽同学平时是这样复习政治的，他把政治书上的基础知识记得牢牢的，再看一点参考书上

的理论性知识。他认为理论知识和基础知识两者结合起来记忆特别深刻,考试时会得心应手,因为那些多项选择题就是考理论问题的理解能力。另外,一定要把政治和时事紧密结合,要学会用哲学、政治、经济学的观点分析社会上各种各样的问题。郑润泽说:"我高三除了学习书本上的知识外就是看时事报,然后用学过的定理去分析,在高考时,问答题基本上都是满分。"

四川省文科状元余静阆同学和北大学子刘杰同学,对如何应对政治高考的问题,其观点基本一致。他们认为政治时事性很强,在平时要多了解时事,多了解周围的一些事,多看时事性的报纸杂志。高三下学期要特别注意时政要点,多看一些时政报刊对具体事件的分析,并与课本知识相联系。

北京大学经济学院 2001 年学生邓靖芳同学,对于学政治另有一套办法,她要求自己熟记书上的原理、方法论等关键内容,更多的时间花在整理时事热点上。她认为高考题绝大部分都是紧密结合热点的,与其死背书本,不如把热点内容理顺,这样通常能事半功倍。在高三下学期,她花了将近半个学期的时间,把一年来国内外的十多个时事热点整理为一本专题,把每一个涉及课本知识的热点问题、例题,分析罗列得一清二楚,并花了一个多月的时间集中消化。这样的资料整理花费了她许多心血。结果在高三下学期她的政治成绩有了质的飞跃,稳居年级第一,这是她以前未曾料到的。身边一些同学也跟着整理了一本本"时事热点专题集要",也收到了很好的效果。

5."史论结合"学历史

清华学子季萌同学告诫中学生们,学历史不下工夫记忆史实是不行的,"史论结合",没有史实基础的论述,无疑是空中楼阁。再就是多阅读多做题。他说:"那时我们历史老师给我们每人订阅了陕西师大的《高中历史》。该杂志里不仅有一些比较上档次的习题,而且还有一些颇具真知灼见的学术文章。不过我当时并没有仔

细地阅读,后来觉得格外可惜。上大学后我才了解到,很多大学教师都参与了高考的出题工作,也把他们的一些学术观点和创见不自觉地渗入了试题中。许多判卷的大学老师是希望中学生能够说出超越课本的观点的。这种超越,不是局限于课本的学习就能达到的,非得有大量的课外学习不可。正在准备高考的同学们,千万要把自己的眼光放得高远一些。"

6.学会阅读地图,学好地理

地理科目的学习,少不了要读图。一般的地图都会涉及比例尺、方向、图例注记等要素,读图时必须先看一下这些要素。接下来要根据提供的图表特点,判断这是哪一类地图,是分布图、原理图、统计图、景观图还是其他图。根据具体图类,运用具体方法读图。如等高线图,就要从以下几个方面去读:等高距为多少,何处为山峰,何处为山谷,何处为山脊线,何处为集水线,等等。究竟读哪几个方面要视题目要求而定。

地理教材是我们获取地理知识、提高地理素养的重要途径。正如 2008 年广东省高考地理单科状元赖晓峰所言,地理学科要记的东西很多,所以学习时除了紧跟老师的节奏,还要啃透课本。针对地理科目,怎样才能学好教材上的地理知识呢?笔者建议考生在阅读中应该注意把握以下几个要点:

(1)读出书中有什么

阅读教材,首先要读懂,明白书中讲了些什么。比如,教材在介绍某个地理区域时,一般从构成这一区域的各地理要素分别进行论述。这个区域在哪?这里的自然概况怎样?经济发展情况如何?存在什么问题?等等。

(2)读出知识网络

地理环境是一个有机整体,组成地理环境的各个要素是相互制约、相互影响的,其中任何一个地理要素的改变,都可能影响其他要素的变化。我们应该理清这些地理要素之间的相互关系,在

头脑中形成这一地域的知识网络。

例：通过世界地理的学习我们知道，南极大陆是一块特殊的大陆，这里的地理环境特征与众不同，烈风、暴雪、严寒是南极大陆最显著的气候特征，这里有世界上面积最大的大陆冰川，动植物种类稀少，有极昼极夜现象，还有美丽的极光……而形成这些地域特征的最关键的因素就是由于南极大陆绝大部分位于南极圈以南的高纬度地区，其他诸多的地理特征都与这一要素紧密相连。

（3）学会梳理知识

①教材对于同类知识的论述角度具有相似性和规律性

地理教材所涉及的内容具有范围广、信息多等特点，但是它对同一类型知识进行描述的角度和方法，具有很大的相似性和规律性。

例如描述一个国家或一个地区的气候特征，往往要从气温和降水两个方面来加以说明。而气温又包括年平均气温、年温差和气温的分布等内容；降水主要是由年降水量、降水的时空分布所组成。

②将差异性或相似性较明显的国家或地区，进行对比梳理

不同的国家和地区的地理环境或地理要素之间存在着明显的差异性或相似性。我们可以根据这一点，采用对比的方法进行学习，对比差异性，找到相似性。如在学习我国的南方和北方、长江三角洲和珠江三角洲、印度和巴西、日本和英国、非洲和南美洲等地时，就可采用这种方法。

例：我国南方地区与北方地区，无论是在自然条件、经济发展还是在生活习惯方面都存在着明显的差异，如果我们采用对比的方法进行归纳和概括，那么南方地区与北方地区的诸多差异便一目了然。

项目	粮食作物	油料作物	糖料作物	主要水果	主要能源	主要金属矿产	人们主食传统	交通工具	运动
北方地区	小麦	花生	甜菜	苹果梨	煤、石油	铁	面食	马车	滑冰滑雪
南方地区	水稻	油菜	甘蔗柑橘	香蕉	水力	有色金属	大米	船	游泳赛龙舟

我们不仅要明确两个地区或两个国家之间的差异，还要思考这些差异是怎样形成的。我国南方地区与北方地区的这些差异主要是由于所处的地理位置不同,导致了自然环境的差异。

我们不仅可以通过对比梳理找到差异性,还能找到相似性,如印度和巴西两个国家,虽然位于不同的大洲,但它们在许多方面具有相似性,利用对比归纳的方法,我们就能够将两个国家的主要的地理特征知识点梳理得一清二楚。

印度和巴西都是位于热带的临海国家;地形以平原和高原为主;优质的铁矿资源丰富;都是世界上著名的热带经济作物的生产国和出口国;近年来电子工业和信息产业得到了迅速发展,是发展中国家工业比较发达的国家。

另外,在地理读图上,还有一些小技巧。湖南省文科状元陈博说,可以用图形联想来加强对图形轮廓的记忆。例如朝鲜半岛在地图上的外形轮廓有些像阿拉伯数字"5",朝鲜人能歌善(5),从而达到对朝鲜地图特征的有效记忆。

第四节　直击英语阅读

状元如是说

　　陕西省外语类高考状元徐萧垠在阅读理解遇到困难,水平停滞不前时,就用"阅读水平从量变到质变"这句话安慰自己,后来她发现确实有道理。除去做阅读练习题,她大约每周读一份《21世纪报》,而且课文也是她的精读材料。有的同学到了高三就抛开课本去找各种各样的课外读物

看,徐萧垠觉得这样不可取。因为高三课本和考纲是配套的,所选的文章在题材和难度上都和高考阅读题的文章相近,包括科技、人物、历史等丰富的内容,还容纳了以前学过的各种语法和句型。认真读懂并分析这些文章,对有针对性地增强语感和理解能力,从书本过渡到试卷起了很好的作用。另外,徐萧垠还透露,在休息时间,通过看英语电视节目和听英语歌曲等方式在娱乐中"阅读",也是一个自我积累"量变"的轻松途径。

阅读是进入英语王国的最佳途径,阅读也是英语学习中接触和学习单词、短语、句型、语法、文章结构、思想表达方式的最直接、有效的手段。通过长期的英语阅读,可以不断地积累英语语言知识和培养英语语感。

阅读的积累为英语听、说、写奠定了基础。比如,在阅读中学到的单词,就可能在听力中再现,在阅读中掌握的句型,就可以运用到口语中,在阅读中掌握表达思想的逻辑结构,就可以运用到写作中。

1.选择合适起点的读物

胡湛智(北京大学生命科学学院学生,贵州省高考理科状元)认为,水平较高、基础扎实的同学可以选择难度较深的一些课外读物来阅读。比如原版的英语著作。而语法和阅读水平较差的同学,最好选择一些与自己水平相当的语法教材和英语分级阅读读物来进行课外学习,以提高英语实力。多看看一些英文影片,也会对英语学习有帮助。

从你的实际水平开始,适合你的起点主要是指要选择适合你的读物,文中没有很多的生词,比如每页生词不应超过三四个,句子结构比较简单,内容浅显易懂。

在使用语言时,人们往往使用最简单的方式来表达丰富多彩

的情感。所以在初级水平上要进行大量的阅读，以熟练地掌握简单英语，打好基本功。读简易读物最容易培养语感，这也需要大量地阅读。一旦培养起语感，高级英语也就不难学了。

2.各阅读等级间的过渡不要太快

英语学习过程中，有一个"点—线—面"关系。而英语的任何一级水平，都不是"点"的接触，或"线"的贴近，而是"面"的到达。一个"水平"就是一个"面"，因此在进行不同阶段的英语学习的时候，都要在这个阶段有足够"量"的积累，无论初级、中级还是高级都是这样。过渡到更高一级不能过渡得太快。慢慢地过渡，英语学习就容易形成平缓的坡度，你就会坚持到底。

3.选择自己感兴趣的读物

兴趣是英语学习的催化剂，没有兴趣，英语学习很难持续进行。阅读可供选择的范围是很广的，有文学作品、科技读物、报纸杂志、教科书等，还有网上丰富的资料。选择时，应首先确定自己喜欢的方向，如文学作品，然后进一步从中找出感兴趣的读物。

2006年南京市高考英语状元陶诗琦平时就喜欢看英语杂志，她经常阅读《参考消息》英文版，上面一个个妙趣横生的小故事和新鲜事，让她对英语这门语言的学习有了一种来自心灵深处的渴求。

4.阅读时应该有计划

由于文学作品的语言是经过提炼的，是优美的，而文学作品本身是人类文化遗产的重要组成部分，通过阅读文学作品你就能迅速汲取人类文化的结晶。阅读要立计划，比如读20~40本简易读物。听上去这个数字很可怕，但当你真正下决心去做时，就会发现事情其实很容易，毕竟它们都是简易读物。在这些简易读物中可以进行初、中、高级的分层阅读，层次的划分可以根据词汇量进行。比如400~800词的文章作为初级，800~1500词的文章作为中级，1500~3000词的文章作为高级。当阅读简易读物达到一定数量，阅读达到一定程度，词汇积累到六七千的时候就可以读英语的原著、

报纸、杂志了。"万事开头难",在阅读初期,同学们一定有读不懂,感到费力的地方,但若能坚持下去,告诉自己"我很快就能读懂了",树立信心,保持积极乐观豁达的情绪,就真的能够渡过各种阅读中的难关,从而攻破英语阅读关。

5.进行阅读理解的训练

阅读理解题是高考英语试卷中分值最高的题型,它能检测学生获取英语信息的能力及理解的准确程度,在某种意义上对考生试卷总分起着决定作用。2006年内蒙古理科状元,现就读于清华大学建筑学院的石悦同学在提高英语阅读速度上有一些好方法:

方法一:快速泛读(fast extensivereading)

泛读是指广泛阅读大量涉及不同领域的文章,要求读得快,理解和掌握文中的主要内容就可以。要确定一个明确的阅读定额,定额要结合自己的实际,可多可少,例如每天读20页。

方法二:计时阅读(timedreading)

计时阅读每次进行5～10分钟即可,不宜太长。因为计时快速阅读精力高度集中,时间一长容易疲劳,精力分散反而达不到效果。

方法三:寻读(scanning)

寻读又称查读,同略读一样,寻读也是一种快速阅读技巧。寻读是一种从大量的资料中迅速查找某一项具体事实或某一项特定信息,如人物、事件、时间、地点、数字等,而对其他无关部分略去不读的快速阅读方法。

寻读与略读不同,略读时读者事先对材料一无所知,而寻读则是在读者对材料有所了解的情况下进行的。具体地说,寻读带有明确的目的性,有针对性地选择问题的答案。

方法四:略读(skimming)

略读又称跳读(reading and skipping)或浏览(glancing),是一种专门的、非常实用的快速阅读技能。

（1）略读有下列几个特点：

①以极快的速度阅读文章，寻找字面上或事实上的主要信息和少量的阐述信息。

②可以跳过某个部分或某些部分不读。

③理解水平可以稍低一些，但也不能太低。

（2）略读可以运用下列技巧：

①要利用印刷细节（typographical details），如书或文章的标题、副标题、小标题、斜体词、黑体词、脚注、标点符号等，对书和文章进行预测略读（preview skimming）。预测略读要了解作者的思路、文章方式（模式），以便把握大意，有关的细节及其相互关系。

②以一般阅读速度阅读文章开头的一、二段，力求抓住文章大意，背景情况，作者的文章风格、口吻或语气等。

③阅读段落的主题句和结论句。抓住主题句就掌握了段落大意，然后略去细节不读，以求得略读速度。

④注意转折词和序列词。转折词如 however，moreover，inaddition 等；序列词如 firstly，secondly 等。

石悦同学还透露，在阅读时，对文章的理解不一定准确。而做阅读文章的理解题，根据答案对错，就会发现自己理解上的偏差，从而找出自己理解不准确的原因：究竟是语法没掌握好，词汇领悟不对，还是价值观不同，或是文化背景有差异。经过这种训练，对语言的理解深度就会拓展，阅读的准确性和速度也会提高。

综上所述，英语阅读首先要达到足够的量；其次要通过阅读，学习语法、句型的运用，掌握文章结构及作者表达思维的方法；最后通过做一些阅读理解题纠正自己的错误。

第五节　泛读与精读

状元如是说

　　清华大学电子工程系的陈永军同学，在《破译高考解题之谜》一文中阐述了一个观点，他认为考生在考试中要进一步提高在考试中的阅读速度，这样做的目的有两个：①腾出时间仔细看题，万一有拿不准的，可以回来查。②腾出时间来做后面的题，多给作文留时间，提高准确率。他建议同学们不妨像大学英语学习那样，把阅读分为泛读和精读。泛读用于训练速度，拿来一篇文章，以自己最快的速度读完。如果能把后面附着的题做对60％到70％就行了；或者能复述出大意，并记住一两个数字或重点句子的位置也就符合要求了。精读可以分两步做：第一步当做泛读计算时间；第二步以字斟句酌的方法再看，弄明白每一个词当做什么讲。这就要求正确率在90％以上。在高考时，既要运用泛读技巧，又要具有扎实的精读功底。泛读技巧与精读功底全部需要在平时阅读中练习和造就。

　　阅读有精度和广度的问题。广泛阅读无疑是必不可少的，精读亦不可缺，一些优秀的篇章我们可以作为借鉴，把它背下来，以丰富自己的语言，写起文章来有血有肉，否则总是三句不离其宗，枯燥无味。

　　北京大学力学系学生（江苏省理科状元）李从同在总结英语阅读题学习的时候，特别提到了"泛读"和"精读"两种学习方法。

　　所谓"泛读"，有两方面的含义：一是指阅读量要大，一是指阅读面要广。高三的学生，不可能像大学生，甚至也不可能像高一、高二学生那样抽出大量课余时间来读许多文章。但这并不意味着我们应该放弃泛读，高三的时间虽然有限，但每天或者每两天挤出一些时间来读上几页乃至十来页文章还是可以做到的。通过这种泛读，一方面可以扩大知识面，提高理解力；另一方面，在日积月累的过程中，整个人的英语语感会有一个质的飞跃。进行泛读，建议同学们不要去"啃"什么长篇巨作，可以多看一些短小精悍的文章，并且注意不同内容、体裁、题材的搭配，尽量使文章覆盖面广。另外，切勿选一些过难的文章去仔细钻研，这样精力会过分投注到偏难的生词和语法结构上，对于阅读中好的语言现象反而不易注意到，而且耗费了太多的宝贵时间。

　　所谓"精读"，就是要求逐字逐句地咀嚼文章，弄清楚每个词、每句话的确切含义，仔细分析文中的种种语言现象，记熟文中的词汇和短语，并知道该如何使用它们，同时，也要求从总体上把握文章，看看作者是如何组织材料、布局谋篇的——一句话，要吃透文章。在精读过程中，同步提高的是我们对这门语言的总体感应能力和细节把握能力。对高中生来说，精读的材料主要是三册课本中的课文。这些在学习过程中，老师都已串讲过了，可是在高三的复习过程中，还是需要我们立足于这些课文，熟读乃至成诵，通过阅读提高阅读，通过阅读记忆词汇，通过阅读理解语法，通过阅读学习写作。

1.泛读的技巧

　　泛读是广泛的、博览性的、目的不很明确的一般性阅读。其作用是拓宽知识范围，碰撞智慧火花，打开思路，激发灵感。

　　泛读法有两个特点。第一个特点是：阅读材料所涉及的范围比较广泛，即鲁迅所主张的"泛览"、"随便翻翻"。它可以使阅读者获得更多有用信息，还能帮助人们了解某种书的大概内容、难易程

度、风格特点,从而决定对这本书的阅读方式是选读,还是精读。所以,泛读也是一个选择文献、筛选文献的过程,是精读文献的基础。泛读的第二个特点是:对文献内容的理解、掌握和探讨都不求深入。泛读的速度比较快,但速度快并不等于不思考、囫囵吞枣,而是粗中有细,胸中有全局。

泛读是与精读相对而言的阅读方式。泛读时,生理上处于注意力集中、视力和思维活动积极一致、脑神经放松的最佳状态,大脑中的信息贮存可达 90％,信息的提取和联系也容易发生。所以泛读是一种博览群书的好方法。

泛读法可以使阅读者利用有限的时间,获得更多的知识。2009年高考浙江省理科状元卢毅(被北大元培计划试验班录取)同学说,阅读的种类很多,我们平常使用的教科书都属于研读一类。而这是远远不够的。平时我们要广泛运用泛读、快读、略读和导读等多种手段来有针对性地加大自己的阅读量,提高自己的水平。英语泛读的内容可以侧重于英语报刊。如 TIMES,CHINADAILY 等,或原版小说(不带中文注释,以免产生依赖性)。还可以充分利用图书馆有目的地找一些材料来锻炼自己运用英语的能力,提高阅读速度,获取所需信息。

卢毅认为,学习英语的根本目的是为了汲取异域文化和加强国家之间的沟通与交流。因此,可以通过阅读来获得语言、语境、文化背景的差异,从而积累素材,以便在写作时阐述自己的观点。总而言之,学习英语是为了能熟练运用这一语言工具,千万不能害怕运用这门工具。即使水平有限,你也总能发现适合自己的原版读物,你也总能发现自己写出的文字中也不乏好词、好句。只要有好的开头,不半途而废,你就一定能够渐渐步入佳境,柳暗花明又一村。

2.精读也要讲方法

现代文学巨匠茅盾独创的"三遍读书法",可以说是寻到了精读的精髓。茅盾读书,特别是读名著,一般至少要读三遍。第一遍

是"鸟瞰式",即迅速地通读一遍,使整个文章在自己的头脑中先有个印象。他的"鸟瞰式"要求:一快,一口气读完;二全,居高临下,全面了解主要内容;三粗,概要把握基本内容。

第二遍是"精读式",即细细地咀嚼,慢慢地回味,体会作品的"来龙去脉"。"精读式"要求:一慢,逐一研读,二细,全面研读,三深,挖掘作品深意。

第三遍是"消化式",即弄懂整个作品的意思,用他自己的话说,就是从"情感上的感动"到"理智上的感动"。书中之精华,经过消化,变为了自己的东西,再经过长期积累,在后来的创作中发挥了应有的作用。

中国有句古话,叫做"书读百遍,其义自见",就是说书要多读才能读懂。只有多读,才能更深刻地了解书中真正的内涵。每本书都匆匆忙忙地读一遍就换另一本,不求甚解,读了等于白读,最后一无所得。

一本好书或好的文学作品仅仅读一遍,只能对书中内容有一个粗略的了解,而真正想读懂则需要几遍,甚至更多遍才能完成,才能领会书中的韵味。一遍只能初步了解,二遍不能深入到精髓之处,只有三遍恰到好处,可以很好地理解作品内在和外在含义,又可增强记忆。正如谚语说的"井淘三遍吃好水"。读书也一样,书读三遍方知其"味"。

3.泛读与精读要结合

著名作家秦牧,知识渊博,博览群书,妙笔生花,并擅长写优美隽永、色彩明丽的散文。他在长期的读书、创作的生涯之中,总结出了一套"牛食鲸吞"的读书方法。

秦牧主张读书要精读与泛读相结合,即"牛嚼"与"鲸吞"相结合。对于那些有价值的书,例如经典著作、学生学习的课本,都应精读,要不厌其烦地进行"反刍"。既要做到俯而读,也要做到仰而思,做到熟读精思,吸收消化。

泛读就如同学习鲸的吃法，把小鱼小虾连同海水一齐吸进嘴里，然后闭上嘴，把水从须板中间滤出来，把小鱼小虾吞进肚子里。一个想要学点知识的人，如果只有精读，没有泛读，每天不能"吞食"它几万字的话，知识是很难丰富起来的。单靠精致的点心和维生素丸来养生，是肯定健壮不起来的。所以，对于某些读物，例如小说、故事类的书籍，就应采取泛读的方法，迅速进行浏览，排除书中过多的"水分"，吸收书中的精华。

高考英语中阅读和完形占了 70 分，比重非常大。考生若要突破高考阅读和完形是有技巧的。但是任何技巧都建立在实力的基础上，如何能从本质上提高高考阅读能力呢？最有效的方法是精读与泛读相结合。精读和泛读相互补充，相互促进，相辅相成。

2009 年云南省文理科高考状元，现就读于北京大学的赵楚然谈到语文阅读时说，要有"精读"、"博览"的阅读习惯。精读，精细阅读，需要上课认真听讲，跟老师学习阅读的规律和方法，另外还可以上网查询，如"现代文阅读网"等网站，会专门介绍阅读方法、答题技巧等。要会读书，不仅要精读课文，还要泛览。语文里好多东西不是推理得出来的，常是不见就不识，不记诵就不行的。

赵楚然特别谈到朗读，她认为这相当重要，对记诵、语感尤为有用——记忆，不是大脑所独司独占的，眼睛、耳朵、口腔、喉咙、舌头都有记忆的功能！比如你背诵已熟记的诗文，为什么能不假思索，脱口而出？并且口腔、舌头、喉咙等能自然协调地习惯运作，这就是它们也能记忆的奇妙表现。所以她建议大家在早晚两次朗读中，要充分调动口耳喉舌各器官全部运作，读得毫不顾虑，读得旁若无人，读得尽情沉醉。

对于青少年学生来说，应好好学习、运用这两种读书方法。对课本、对一些佳作、精彩片断，应熟读精思，打下一个坚实的学习基础；对于课外读物，应进行泛读，快速进行浏览，丰富知识和精神生活。

第六节　不动笔墨不读书

状元如是说

银川二中的李怡然以 639 分的成绩夺得宁夏 2009 年高考文科状元。"勤动笔"是李怡然的一个习惯。对于阅读，李怡然认为，看书的时候不能光看，还要边看边写读书笔记，这样效果比较好。李怡然的语文成绩在初中时比较好，可到了高二的时候只是中游。李怡然着急了，开始从基础知识抓起，把试卷里面每个知识点掌握好，并且做了一些笔记，后来到高三的时候，语文的成绩就提高了。

古人说"不动笔墨不读书"。这句话告诫人们，在阅读学习的过程中，要勤于手抄笔录，手脑并用。2008 年陕西省高考文科状元郭薇同学坚持"勤做读书笔记并持之以恒"。郭薇训练自己语文的方法，首先是全神贯注地听课，上课时充分发挥主动性，做到眼看、耳听、口说、心想、手写，尽可能地吸收有用信息。同时还高度重视课外点滴的积累，勤做读书笔记并持之以恒。郭薇最喜欢《语文报》和《作文通讯》，每次阅读上面的文章都非常用心，看完后想一想，记一记，使头脑里留下较深的印象。对自己认为最有价值或有指导意义的内容，就摘录要点作为资料保存；认真做上面的题，对未掌握好的知识进行再思索，弥补薄弱环节。这些做法使她在高考时大有收获。

1.记读书笔记的作用

列夫托尔斯泰曾说过："身边永远要带着铅笔和笔记本，读书

和谈话时碰到一切美妙的地方和话语,都把它记下来。"

读书是离不开动笔的。所以,当你要读书时,就应同时拿起笔来,随时准备记录自己的所思所想——这就是读书笔记。2009年浙江省高考状元陈昱嘉是一个知识面特别广、思维独特的女孩,在学习上很有主见。为掌握每一个知识点,陈昱嘉每门课都备有一本"纠错笔记",对学过的知识随时进行复习巩固。在平时阅读学习过程中,常常把自己的心得以笔记的形式记录下来。陈昱嘉认为,当你读到一本书的某个地方时,有时会忽然有所感悟,而这种感悟有时是瞬间的,是脑子里忽然闪过的一个念头。或者觉得好像以前曾经在哪本书中读到过类似的句子,或者在实际生活中曾经遇到过类似的事情。这些"念头"往往是很有意义的,但你若不及时将它们记录下来,它们就会悄悄溜掉,也许你再也不会碰上它们。

(1)记笔记有助于理解学习内容

做笔记是加强思维能力的一种辅助手段。通过做笔记,可以培养自己用最简捷的语言表达复杂问题的能力,一针见血地抓住问题的本质和关键,还可以使头脑中模糊的东西变得清晰起来。做笔记不等于抄书,它是学习和思考过程的结晶,它要求对所学的内容有透彻的理解,抓住书中论题、论据、论点、推论、结论、典型实例等要点,用自己的语言简要地记下来。这要求阅读者在理解的基础上记录,理解愈深刻,笔记愈简洁、扼要。如果你感到做笔记有困难,那常常是因为你还没有透彻地理解,还没有抓住要点。

(2)读书笔记有助于记忆

俗话说:"好记性不如烂笔头。"人的记忆是有限的,读书笔记是人们记忆力的延长,是人脑有效的外存贮器。眼过千遍,不如手抄一遍。清代史学家、思想家章学诚在《章氏遗书》中说,读书不及时做笔记犹如雨落大海没有踪迹。因为经过自己头脑思维加工整理、用自己的语言写下的东西不易遗忘。所以,即使记忆力很强的人,也从不放过利用笔记等方式来进一步加强自己的记忆力。

（3）读书笔记有助于阅读注意力的集中

做读书笔记的过程，是眼、脑、手同时并用的过程，为了将书中的重要内容概括下来，它会时时提醒自己别"开小差"。因此，做读书笔记有助于集中阅读的注意力，提高阅读效率。

（4）读书笔记有助于把学习过程引向创造过程

做笔记过程中的分析、比较，往往会使你获得新的发现，产生新的构思，从而孕育出发明创造。对丰富的科学资料的分析、比较、品评，扬其所长，论其所短，本身就是一种科学创作。平时将这些科学创作写成笔记，一旦需要时把它们组织起来，就可以成为有价值的著作。列宁的光辉著作《哲学笔记》，可以说是读书笔记的典范。

（5）读书笔记有助于提高写作能力

记读书笔记需要手、脑并用，把读、思、写结合起来，如心得、读后感，就是把读书的收获和体会进行加工和整理之后的产物。如果能够坚持记这类笔记，而且当成文章来写，肯定会帮助我们提高写作能力。

俄国著名作家果戈理，在中学时期有一本 470 页的大笔记本，封面上写着："万宝全书或日用百科全书，编著：果戈理，1926 年。"

法国著名科学幻想家儒勒·凡尔纳，一生创作了 100 多部科学幻想小说，在他逝世后，人们发现他一生中记了 2500 多本笔记。因此，使他不仅成为一位多产的作家，而且是一位具有惊人的预见性的科学幻想小说家。

（6）读书笔记有助于积累资料

大凡做学问的人，都非常重视资料的积累。我国著名历史学家吴晗，一生中积累了成千上万张卡片，做报告、写文章、研究历史，都可以很快地找到所需的资料。

材料是科学研究的基础，积累材料是科学研究的第一步。马克思在《资本论》第一卷第二版跋文里说："研究必须充分地占有材料，分析它的各种发展形式，探寻这些形式的内在联系。只有这项

工作完成以后,现实的运动才能适当地叙述出来。"在这里马克思说的是研究社会科学,对自然科学来说也是完全适用的。

积累资料是一件长期工作,要从点滴积累,不能靠突击。在读书时,最好随身携带一些空白卡片,无论是听报告、看展览还是上书店、到阅览室,随时可以记下所需要的东西,十分方便。如果一天累积十张八张,一年就是几千张,几年下来,就有上万张;一张平均100字,就有上百万字的资料,这是相当可观的。所以,现在还没有做笔记习惯的同学,应赶快养成这种良好的习惯。应该说要想"做学问",这种习惯是非养成不可的。

2.记读书笔记需注意的几个问题

(1)理解内容是前提

在做读书笔记之前,先要对读物的内容真正地理解,心中明确哪些该记,哪些不该记,哪些应该详记,哪些需要简单记。这样进行选择后,记录的就应该是原文中的精华部分和关键问题。

(2)要认真细心,务求精确

摘抄的原文,一个字、一个标点也不能有差错。资料的出处,如果是书籍,注明书名、作者、版本、页次;如果是报纸,要注明报名、日期、版次;如果是刊物,要注明刊名、期数、页次。这样仔细写好,不但便于日后查考和准确引用,更培养了做学问精确、踏实的作风。

(3)持之以恒,养成习惯

坚持记读书笔记,做到持之以恒,养成习惯,必须克服怕苦、怕累的思想。不能凭兴趣出发,高兴就写,不高兴就不写。不要"开头热乎乎,后来冷冰冰","三天打鱼,两天晒网"。要肯下工夫,做"有恒者",经常摘抄。积以时日,成效自见,假如每天从课内课外阅读中各摘抄两张卡片或活页纸,一年下来,就有一千五六百张了;高中三年学习,就积累了四千多条资料,这可是一座颇为可观的"知识小宝库"。

（4）经常分类，排比研析

"分类就是科学。"隔一个阶段，要把每天摘到的资料进行分类，同类的归到一起。同一类的积得多了，要排比、思考、分析，找出规律性和有价值的观点，及时记在资料卡片旁边的空白处，以便日后扩展、加深观点，总结研究心得。

（5）格式明确，符号统一

目前来说，记读书笔记的做法没有一个固定的程式，可以由学生自己来规定，但必须做到格式明确，符号统一。记载的内容要有条有理，格式清楚、明确。一般来说，重要的论点、论据、事实、数字、公式等应各占一行；关键词和非关键词可以采用不同的字体、不同的色笔；相同的问题应尽量分段；不同的问题之间要空若干行，等等。在做笔记过程中，不可避免地要使用一些符号，这些符号自己要有一个统一的标准，前后要一致，保证日后能够顺利地辨认。

（6）经常复习，善于应用

俗话说"记而不看一阵风，记而不用一场空"。就是说要经常复习、运用，才能巩固记忆，把记下的知识不断化为自己的才能。经常复习、运用，也才能温故知新，举一反三，创作出新的东西。学而时记、时学，就能带来无穷的乐趣。记了不看，束之高阁，徒劳而无用。如果光记不看、不思、不用，记得再多，可以称得上是个"笔记篓子"，却很难成为掌握渊博知识而有所成就的人才。

3.读书笔记的种类

一般来说，读书笔记有两大类：一类是摘录式笔记，一类是评注式笔记。两个大类又各分为若干小类。下面我们针对高中生物学科的学习，对读书笔记分类做一个大致的了解。

对于生物学科的学习，记笔记不失为一种有效的学习方法。在生物学学习中，主要有阅读笔记、听讲笔记和观察笔记三种。

（1）阅读笔记

要想使学到的东西长期储存、随时提取、应用自如，就要在读

书时随时写读书笔记。阅读笔记主要有以下几种。①抄写笔记，又分为全抄和摘抄，做这种笔记应注意抄后校对，避免漏误，然后标明出处，以备日后查考。②卡片笔记，卡片内容不限，因人而定，但一般应具有资料类别、编号、出处、著者姓名，正文等内容。需要注意的是，每张卡片写一个内容，并及时进行分类归档或装订成册。③批语笔记，即在书页空白处随手记下对原文的个人意见和心得体会等。④符号笔记，即在原文之间标注符号以对原文加深理解。常用符号有黑点、圆圈、直线、曲线、双线、虚线、箭头、方框、三角、惊叹号、问号等。写符号笔记应注意两点：一是符号意义必须明确，并且要贯彻始终；二是符号不能过多过密，否则重点难以突出。⑤概要笔记，即对某本书或某篇文章用自己的语言概括写出其重点内容。

（2）听讲笔记

做这种笔记的突出矛盾是记的速度赶不上讲的速度，为此要做到"三记三不记"，即重点问题、疑难之处，书上没有的记；次要问题、易懂之点、书上有的不记。另外要学会总结。

（3）观察笔记

通过对比，观察有利于迅速抓住事物的共性和个性，从而把握住事物的本质。如观察线粒体和叶绿体的结构时，就要先异中求同：它们都有双层膜，都含有基粒、基质、酶、少量的 DNA 和 RNA。然后再同中求异：线粒体的内膜折叠形成嵴，叶绿体的内膜不向内折叠；线粒体有与呼吸作用有关的酶，且酶分布在内膜、基粒、基质中；而叶绿体内有与光合作用有关的酶，而酶分布在基粒层和基质中；叶绿体中有叶绿素，而线粒体中没有。

在生物学学习中，有很多相近的名词易混淆、难记忆。对于这样的内容，可运用对比法记忆。对比法即将有关的名词单列出来，然后从范围、内涵、外延，乃至文字等方面进行比较，存同求异，找出不同点。这样反差鲜明，容易记忆。例如同化作用与异化作用、

有氧呼吸与无氧呼吸、激素调节与神经调节、物质循环与能量流动,等等。

第七节　高考状元推荐书目

高考状元和清华、北大学子,从他们识字开始,一直到高中毕业的十几年时间里,所读的课外书成百上千。有的书对他们的教育很大,留下深刻印象;有的书对他们的学习很有帮助,使其学习成绩名列前茅;有的书对他们世界观的形成起到奠基石的作用,确立了人生奋斗目标。下面列出的书目,是250多名高考状元和清华、北大学生推荐给同学们的,其中有些书刊是高考状元的家长推荐的。

1.成长系列

1	教育系列:《早期教育与天才》、《爱的教育》、《傅雷家书》、《寄小读者》
2	寓言系列:《伊索寓言》、《克雷洛夫寓言》
3	漫画系列:《老子说》、《孔子说》、《二十四孝》、《成语故事》、《礼记》、《白蛇传》、《封神榜》
4	童话系列:《安徒生童话》、《格林童话》、《一千零一夜》、《天方夜谭》
5	故事系列:《爱迪生的故事》、《司马迁的故事》、《中外成才故事》、《居里夫人》、《雷锋的故事》
6	智慧系列:《十万个为什么》、《魔法师的帽子》、《小思想家在行动》、《上下五千年》
7	趣味系列:《神秘岛》、《格列佛游记》、(英语读物)、《徐霞客游记》、《趣味物理学》、《八十天环游世界》、《诺贝尔奖金获得者少年趣事丛书》
8	感悟系列:《菜根谭》、《钢铁是怎样炼成的》、《成功心理》、《幸福散论》

2.名家名篇

名家的作品未必全是名作,比如余秋雨是名家,出书众多,但是得到众多读者和专家认可的文化散文仍然是《文化苦旅》;比如周国平,他最好的学者散文集还是《守望的距离》。下面列出清华北大学子们强烈推荐的名家名作30篇:

1	王蒙《王蒙散文选》
2	路遥《人生》
3	林雨堂《生活的艺术》
4	周作人《雨天的书》
5	鲁迅《朝花夕拾》
6	高尔基《童年》
7	海明威《老人与海》
8	雨果《巴黎圣母院》
9	巴金《随想录》
10	王小波《我的精神家园》
11	史铁生《我与地坛》
12	沈从文《边城》
13	钱钟书《围城》
14	余华《活着》
15	梁实秋《雅舍小品》
16	林雨堂《生活的艺术》
17	斯托夫人《汤姆叔叔的小屋》
18	霍达《穆斯林的葬礼》
19	村上春树《挪威的森林》
20	大仲马《基督山伯爵》
21	塞林格《麦田里的守望者》
22	《老子》
23	《庄子》
24	《论语》

25	《史记》
26	曹雪芹《红楼梦》
27	罗贯中《三国演义》
28	吴承恩《水浒传》
29	朱光潜《谈美》
30	王实甫《西厢记》

3.名优报刊

1	《家庭》
2	《散文选刊》
3	《杂文选刊》
4	《微型小说选刊》
5	《思维与智慧》
6	《青年文摘》
7	《读者》
8	《演讲与口才》
9	《报刊文摘》
10	《中学生时事报》
11	《诗刊》
12	《文学评论》
13	《英语周刊》
14	《时事报告》
15	《21st Century》
16	《科幻世界》
17	《科技新时代》
18	《英语画刊》
19	《中学生数理化》
20	《世界知道画报》

4.《新课程标准》推荐

1	《论语》
2	《三国演义》
3	《红楼梦》
4	《呐喊》
5	《女神》
6	《子夜》
7	《家》
8	《雷雨》
9	《围城》
10	《谈美书简》
11	《哈姆莱特》
12	《堂·吉诃德》
13	《歌德谈话录》
14	《巴黎圣母院》
15	《欧也妮·葛朗台》
16	《匹克威克外传》
17	《复活》
18	《普希金诗选》
19	《老人与海》
20	《泰戈尔诗选》

第七章

效率来自良好的生活和学习习惯

我们经常看到这样的情况：某同学学习极其用功，在学校学，回家也学，不时还熬熬夜，题做得数不胜数，但成绩却总上不去。本来，有付出就应该有回报，而且，付出越多就应该回报越多，这是天经地义的事。但实际的情况却并非如此，这里面就存在一个效率的问题。效率指什么呢？好比学一样东西，有人练十次就会了，而有人则需练一百次。效率来自哪里呢？就来自于良好的生活和学习习惯。学习，也只有把效率提高了，才能真正取得好成绩。

第一节　学会科学用脑

　　王晓涛,2008年安徽省高考文科状元,现在北京大学就读。王晓涛认为高中的功课复习要针对自己情况对各科做好复习安排,交替使用大脑。大脑的忙和闲是可以调节的,不要长时间学习同一门功课,每隔一定时间转换不同的学习内容。一种内容的学习时间不超过一个半小时,以避免大脑疲劳。采用适当的记忆方法,或用谐音记忆、或用口诀记忆,只要适合自己就行。

　　我们知道,人的大脑是主体活动的指挥中心,大脑的活动虽然十分复杂但有其特点和规律。了解大脑的活动特点,有利于自我潜能的发挥,有利于增进脑的卫生保健,更有利于提高学习的效率。

　　虽说我们的大脑潜力很大,但有相当多同学感到上课注意力集中不起来、头疼、头晕、脑涨、精力不支、疲倦等,这说明用脑还不够科学。大脑是一个人的"司令部",它需要新鲜的血液为之提供营养与氧气。因此,从整体上讲,加强身体锻炼是很重要的。要经常呼吸新鲜空气,包括做早操,经常打开门窗,不蒙头睡觉等。巴甫洛夫的研究还告诉我们,心理与生理是有机联系着的,"愉快

可以使你对生命的每一跳动,对生活的每一印象易于感受,不论躯体和精神上的愉快都是如此。"保持心理的健康,对大脑的健康相当重要。

那么,如何才能做到科学用脑?下面简要谈谈科学用脑的方法。

1.别打乱用脑节律,高效用脑

每个学生都有自己的用脑习惯,持续下去就形成人为的节律。最忌的是经常打乱节律,学生生活杂乱无章,时间不随个人意志支配安排,经常受到冲击和干扰。这样不仅使脑力劳动节律打乱,还会造成失眠等不良的后果。

关于最佳用脑时期,从神经细胞发生联系所需的传递物质之一乙酰胆碱的释放水平来看,以清晨最高。与脑活动有关的肾上腺皮质激素释放节律,一般以早晨 3 时为最高峰,在维持一段时间的高水平后,8~9 时开始下降,一直到下午 4~5 时为最低潮,入夜 10 时以后又上升。可见最佳用脑时期在上午 10 时以前。

每个人的生物节律(生物钟)不同,大脑兴奋时间、周期不一样,如有人夜晚学习效率高(猫头鹰式),有人早晨起来头脑清醒(百灵鸟式),有人不分时候,只要兴奋起来就活跃(麻雀式)。每个学生都要清楚自己属于哪种类型,在最佳时间里抓紧时间,强化记忆,提高效率;在生理低潮期,注意休息、体育活动等。

另外,要清楚学科的难度值。高考科目中,难度值最高的是数学,其次是语文、外语,再次为物理、化学。所谓难度值高的学科,是指这些学科在学习中易疲劳。同学们在复习时,对难度值高的学科,要在最佳用脑时间里学习,不要在学习疲劳期学习这些科目。如夜晚效率高的人,应在晚上复习数学(在最兴奋期)、语文等。

在复习中还要注意更换内容,文、理学科交叉学习,以免造成大脑疲劳。运用最佳时段效应(如早晨和晚上的两个小时),定时、轮流从事学习,提高效率,做到事半功倍。

2.多种感官参与,协同用脑

通向大脑的通道主要有六个:看、听、尝、触、嗅、做。学习是通过我们的眼所看、耳所听、口舌所尝、鼻子所嗅、身体所触、动手所做而获取信息。据有关专家表明,耳听获得信息为 15%,视觉获得信息为 25%,视听结合获得信息为 65%。所以在复习中要"五到",即眼到、耳到、手到、口到、心到。如在英语复习中,不能只是单一地听或看,一定要边看、边读(出声),且与手写同步,这样多种感官刺激,记忆效果好。

3.学会用脑,适度用脑

人脑的活动在白天有潜在的周期,与夜间睡眠周期相似,基本上是两个小时一个起伏,因此主张脑力劳动持续 1~2 小时就休息一下。当然休息不一定是闭目养神,最好是采取积极的休息方式,如进行文体活动、散步和各种消遣。若要改换思考内容,交叉用脑,也要经过一刻钟的轻松之后。因为连续更替脑活动内容,会出现后摄抑制或前摄抑制现象,即不是前项思考干扰了后项内容,就是相反,不仅影响思维而且易使大脑疲劳。如果长期过度地从事脑力劳动,不考虑用脑的时限性,最可能出现超负荷状态,导致失眠以及神经衰弱。

每个人的学习习惯不同,持续学习时间长短各异,但有一点要注意,那就是当你学习感到疲倦、学习效率下降时,不要强迫自己继续学下去。这时应休息或起身运动。有的同学认为休息、体育活动浪费时间,特别是看到别人在学,自己在"玩"感到很不安。其实不然,适当的休息、运动会补充脑氧量(使你的血液含有更多的氧气),促使大脑更快恢复正常,以更清醒、更兴奋的状态投入学习,使学习效率更高。学习中的"休息"、"运动"就像俗话说的:"磨刀不误砍柴工"。这里还要强调一下,同学们每天一定要有午休,哪怕是 20 分钟,这对消除大脑疲劳,对后续用脑极有好处。

第二节　合理休息，杜绝开夜车

状元如是说

　　2005 年重庆市文科状元屈仁丽在谈到学习方法时，对记者说，她其实也没有什么特别的学习方法，上课思路跟着老师走，下课自己做总结。班上很多同学都开夜车，到了白天上课时打瞌睡。和这些同学不同的是她从不开夜车，晚上 11 点准时熄灯睡觉，早上 6 点半准时起床，这样才能保证白天有精神，思路可以跟着老师走。

　　许多中学生朋友可能有这样一种错觉，即学习的时间越长，则所学的知识越多，学习的效果越好。他们于是千方百计地挤时间，抠时间，甚至侵占自己的睡眠时间，经常"开夜车"到深夜 12 点，有时甚至到凌晨一两点钟。

　　2000 年考入清华大学物理系的王琳同学认为，学习的效果主要取决于学习的"质"，而非仅仅取决于学习的"量"。人体都有一个生物钟，只有尽量使自己的学习安排周期与生物钟周期吻合，才能使自己的身体和头脑不会产生疲倦的感觉，从而保持良好的学习状态，提高学习效率。一般认为，对于正处在生理发育阶段的中学生来说，每天至少应保持 8 小时的睡眠才能保持充沛的精力，保证学习的效率。如果经常"开夜车"的话，很容易使自己的生物钟周期发生紊乱，产生疲倦、嗜睡、精力无法集中等身体不良反应，不仅对身体发育不利，更重要的是降低了学习效率，反而无法学好功课。

有一位高三的学生在日记中这样描述自己在临考前的那一段复习时光：

"我都不知道自己是怎么回事，现在的状态慌极了。临近高考，却连本来已记牢的一些知识有时也会一片空白，脑子也越来越乱，我知道这个时候应当查缺补漏，可是总觉得自己有好多东西都不记得了，老想着多看一点，再多记一点……我每天都会复习到晚上 12 点以后，但就算是这样，几次模拟考都考得不理想。我的成绩可能很难上本科线，可爸妈对我希望很大。父母越是关心，就越让我不知所措。每天我回家，爸妈总要问我学得如何？对考本科有没有把握？对此，我非常烦恼，也不好意思回答。我开始养成了这样的一种习惯——天天"挑灯夜战"。我也知道这样的害处，但是如果不这样做，我就根本睡不着觉。……更可怕的是，在前天的一次学校联考中，本来有一些做过的题目，甚至一些内容在书里的位置都能记得，但就是无法集中注意力来答题。也不知道是不是因为我熬夜太多……"

从这篇学生日记里，我们可以清楚地知道，经常挑灯夜读不是一个好习惯，甚至能让一个人更焦虑，进而严重影响复习。

2009 年的高考中，陈竞同学以 700 分的成绩成为天津市高考理科状元。在谈及自己的学习习惯时，这个小姑娘用了六个字总结，"从不熬夜学习"。在其班主任肖老师印象中，"陈竞从来没有熬夜学习过，她一直住校，学习很有规律，在课堂上该学的时候学得很好。陈竞高中考进南开中学时成绩不算最好，但她一直在进步。"对于陈竞此次 700 分的成绩，陈竞的妈妈表示并不太意外，直言因为"她的习惯很好"。当了 20 多年老师的陈妈妈说，他们从小就注意培养陈竞良好的生活和学习习惯，比较注重孩子的自由发展。

陈竞同学所在的班里既有住校的同学，也有走读的同学。由于学校里教室楼晚上不熄灯，有些住校的同学，尤其是希望自己成绩能迅速提高的同学，经常晚上熬到很晚才睡觉，想通过延长学习时

间来赶上学习好的同学。然而结果却适得其反，"开夜车"的结果是不仅把身体累垮了，而且学习也并未因此而上一个台阶，反而有下降的趋势。于是他们的心里越来越着急，又延长"开夜车"的时间，这样形成了一个恶性循环，学习始终徘徊不前。

相对而言，陈竞同学说自己的作息时间一直很有规律，每天一般在晚上 10 点半左右睡觉，最迟不超过 11 点，早上 6 点起床，中午一般午睡一会，调剂精神。由于常年坚持这样的作息时间，从来没有感到嗜睡或上课走神。无论是上课还是自习，精神都能做到比较集中，自我感觉学习效率比较高。

其实，早睡早起是一种很好的生活习惯，这样才能经常地保持清醒灵敏的头脑，提高学习的效率，而且对身体的发育也极有好处。

如果有条件的话，陈竞同学建议同学们每天中午抽出一些时间来午睡。有些人反对午睡，认为大白天睡觉很浪费时间还不如用在学习上划算。陈竞同学认为，其实不然，人在一天的活动周期中头脑总有高潮和低谷。在经过一段时间的使用后，大脑会处于相对低迷的状态，这时如果能够休息一下，给大脑一段调整的时间，那么大脑很快又会达到高潮，这时再进行学习会感到效率明显提高。如果坚持不休息，继续学习的话，由于大脑已经比较累了，很难接受外界输入的信息，则无法保证高效的学习状态，往往会导致事倍功半。人体在经过了上午四五个小时的学习后，大脑已经处于比较疲倦的状态，而午睡则能给大脑一个休息的机会，为下午高效率的学习提供保证。

第三节 学习和适当体育锻炼两不误

状元如是说

> 翟冠,南京市 2004 年高考状元,以 709 分的高分就读于清华大学电子信息工程系。翟冠坦言,即便是在高考临近的时候,也没有放弃自己的体育爱好,还像平时一样进行适度的体育运动,如打篮球、跑步等。在他看来,高考之前身体的锻炼尤其重要。所以他建议考生在考前参加适量的运动。

俗话说,欲速则不达。单纯性的持续性学习,容易产生疲劳。人在疲劳的时候,记忆力和注意力都会下降,如果适当地调节,不但有益于学习,而且也有益于身体健康。对中学生来说,适当的体育锻炼,不失为学习调节的好方法,这样一来,紧张的大脑得到了休息,同时,体能也得到了锻炼。

体育运动实质上不仅能增强体质,而且可以有效改善人的精神状态。运动可以提高人的脑血流量,保证脑细胞充分的营养供应,从而明显改善神经系统的功能。美国疾控中心流行病学家苏珊·卡尔森指出,体育活动之所以跟学习成绩有关系,既有心理方面的原因,也有行为方面的原因。除了身体方面的变化,比如脑部供血量增多,体育活动还有助于培养积极的课堂行为,如促进学生参与课堂活动,提高他们的注意力,减少破坏性行为,等等,因而能够改善他们的学习。

此外,体育锻炼还可以缓解压力,让人保持平和心态。这主要是因为腓肽效应的作用。腓肽是人身体中的一种激素,俗称为"快乐因子"。经常锻炼可促使人体内产生内腓肽,使人精神振奋,工作效率提高。高考中许多获得优秀成绩的学生在紧张备战中,都是主动抽出时间进行体育锻炼,从而得到心态的放松,而不是牺牲锻炼时间。

那么,如何合理地安排学习和体育锻炼呢?笔者认为需要重视以下几点:

1.重视晨跑,认真对待过程

晨跑很关键。经过了一个晚上的休息,人们身体的状态都恢复了过来。通过跑步,可以立刻让头脑清醒,提高精神士气,因此同学们应该重视晨跑。进行晨跑有助于身体健康,更重要的是,晨跑可以使同学们养成早起的好习惯,为一天的学习生活做准备。

2.选择适合自己的运动项目

参加何种运动较好呢?这是因人而异的,一般来说对体育项目的选择主要是根据自己的爱好来确定。在众多运动类型中,益智作用较好的有跑步或长距离散步以及体操等,但有人喜欢球类,有人喜欢游泳、爬山,也有人喜欢棋牌类,等等。只要是健康的体育活动,对促进智力发展和思维活动都是有益处的。

3.课余时间,简单的体育锻炼

课余时间是调节身心的好机会,同学们最好抓住这个机会,进行低强度的锻炼。这种锻炼不依靠器材,只需要一块小场地即可。如立定跳远,起身蹲坐等。

4.晚自习后,可以适当锻炼

下了晚自习,经过了一天的学习,多数人的神经都比较紧张,记忆力和思考能力都下降到了极点。这个时候,不妨到操场去跑几圈,散散步也会很好,这样可以把一天学习的紧张感驱散,也能让自己身心得到调节。

若是晚上跑步,需要注意:最好在学校的操场跑,且光线不宜太暗,或者在车辆较少的回家的路上跑步。不建议进行高强度的活动,适可而止,以免影响第二天的学习。

5.特殊情况下的体育锻炼

遇到一些特殊情况,比如考试前后,如果有空暇时间,也可以做一些简单的体育运动。考试前通常比较紧张,可以做一个呼吸调整运动,以放松情绪,开动思维。高考生在临考前的锻炼务必要根据自身实际情况来安排,运动应适量,每天 40 分钟到 60 分钟的锻炼时间,分配到上下午为好。考生不宜进行一些剧烈运动项目,跑步、游泳、乒乓球和羽毛球、跳绳等比较适合。另外,考生在每学习一两个小时后,可起身小小活动一下全身肌肉和关节。如条件允许,可到户外散步。但做各种体育活动,都要注意安全,不要因运动而受伤。

第四节　要养成有规律的饮食习惯

状元如是说

刘诗泽,2005 年黑龙江省理科高考状元,后被北京大学元培实验班录取。因代言某品牌电子词典,在北大校园知名度颇高。帅气、文静的刘诗泽坦言,爸爸是中医大夫,所以历来很注重饮食健康,自己从小就养成了不挑食的好习惯,因此营养的摄入也比较均衡。刘诗泽的家离学校很近,他吃住都在家里。他说早餐每天都会有牛奶、鸡蛋,午餐和晚餐都是些家常饭,晚上回家要学到 11 点,所以会吃加餐,加餐多是水果或自己偏好的小零食。刘诗泽着重强

调了饮食一定要注意卫生。他说有一次模拟考试前，在校外的饭店吃了不干净的东西，导致上吐下泻，最终未能参加考试。刘诗泽回忆说当时家人很紧张，生怕会影响到高考，所以此后在卫生方面相当重视。

从一日三餐的基本需求看，早餐一定要吃。因为一个人早晨起床后，胃处于虚空状态，此时血糖下降，必须进食。如果不吃早饭或吃低质早餐，体内就没有足够的血糖可供消耗，会造成疲劳和反应迟钝。

合理的早餐要求是主副相辅，干稀平衡，荤素搭配。早餐所供给的热量要占全天热量的30%，热量的主要来源靠主食，因此，可进食一些如馒头、面包、粥等淀粉类食物。营养医生说，现在的学生早上喝牛奶，吃鸡蛋、面包的居多，不妨适当补充一些素菜，比如吃泡饭、馒头的时候加些素菜，以利于营养摄入的平衡。

午餐不要以荤菜为主，必须荤素搭配，并要注重主食。营养医生提出，现在的家长总以为荤菜营养成分高，在考前让孩子多吃荤菜进补，这种做法是完全错误的。没有一种食物能够提供给学生所有的营养素，最好的方式是进食的品种多样化。主食很重要，要保证每顿2~3两的米饭。有的同学可能认为："饭吃不了算了，多吃些菜。"其实这也是不科学的，因为大脑所需的葡萄糖主要来自米饭。

适当的营养加餐也是可以的，上午可以吃适量的巧克力和喝一些含糖的饮料。学生如果需要熬夜学习，晚餐最好多吃富含维生素B族的食物，如谷类、瘦肉、肝脏、豆类等。若是在夏天快临考的时候，天气热，学生容易倒胃口，可以喝点绿豆粥，这样有助于提高食欲。

下面我们再来看看清华大学电子工程系电子信息专业的学生何苦讲述的自己高中时候对饮食习惯的看法：

何苦同学认为，要保证身体所需的营养，最重要的是坚持有规

律的饮食习惯,简单地说就是一日三餐要保证有质量的吃好吃饱。人体所摄取的营养是以一日三餐为基础的,基础不牢的话任何华丽的结构都无法构建起来。何苦同学提醒广大高中生朋友一定要重视早餐的作用。很多同学由于早上时间比较紧,往往对早餐采取敷衍了事的态度,草草地吃几口就跑去上课,有时甚至连早餐都省了,每到上午 10 点以后就饥肠辘辘,根本无法集中精力学习,更别提保持很高的学习效率了。同学们可以想一想,从前一天晚上吃晚餐算起到第二天吃午餐,这中间间隔了十七八个小时,如果在早上不及时补充营养,身体怎么能坚持得住呢?因此,千万不要把早餐不当回事,而一定要吃好早餐,保证填饱了肚子再去上学。午餐和晚餐一般大家都比较注意。当然,一日三餐的内容也很有讲究,应当搭配好。

何苦同学建议同学们如果有条件的话,晚上可以吃一吃夜宵,补充晚上勤奋用功的消耗。当然,这只是锦上添花,若不具备条件的话也不必去强求。

另外,当前市场上有各种各样的"营养液"、"口服液"等滋补品,有的家长和同学受铺天盖地的广告的影响,把它们当成了灵丹妙药,以为通过服用这些补品就能够摄取足够的营养,能使头脑更聪明。当然,这些补品或多或少都对人体有一些好处,但千万不要把希望都寄托在它们身上。人体所需的营养是多方面的,必须建立在科学饮食的基础上,光靠具有很强针对性的补品是远远不够的。有条件的话可以适当地服用一些营养品,若家庭经济条件不允许也没有必要去强求,不服用也不见得会有什么坏处。何苦说,他大学里的许多同学(包括他在内)在高中时几乎没有服用过什么滋补品,照样也能考上清华北大!

当然,高考前的那段时间应当尽量吃得好一些。这点考生和家长一般都会注意到。但有些家庭则显得有些"过",到高考前每天都是大鱼大肉,以为这样就保证了营养,其实不然。营养好不好,

关键在于人体吸收的情况如何,而不在于吃得如何。试想,一个人天天都是大鱼大肉,到后来没上饭桌就该腻了。况且饮食结构太单一,对人体的全面摄取营养也很不利。因此何苦同学建议在这段时间内的饮食结构应尽量趋于多元化,在平时的基础上略有提高即可,没有必要搞得非常豪华。否则不仅对人体摄取营养不利,而且会人为地制造一种紧张的气氛。

第五节　培养自己的学习兴趣

状元如是说

　　2009年上海市高考文科状元郑妍加试的是历史科目。在一般人印象中,历史要考得好,必须"背功"好。郑妍认为,要学好一门课,首先要对它感兴趣,有了兴趣才有学习的动力,才能苦中作乐。当然,一个人不可能对所有应该学好的科目都有兴趣,没有兴趣怎么办? 我们当然不能因为对某一科没有兴趣就决定放弃,办法只有一个,那就是要努力地寻求培养兴趣的方法。

　　兴趣是一种积极的学习情感,它是发展人的智力的重要心理条件,也影响一个人的学习效率。一个学生只有对所学的知识产生了浓厚的兴趣和热爱的情感时,学习的积极性才有可能进入最高阶段,才能达到最佳学习状态。

　　人们都说,"兴趣是最好的老师",确实如此。这里,我们主要谈谈学习的兴趣。

学习兴趣是学生基于自己的学习需要而表现出来的一种认识倾向,这种倾向总是伴随着良好的情感体验。因此,它是一种带有强烈情绪色彩的认识倾向,具体表现为对学习的好恶程度。浓厚的学习兴趣、强烈的求知欲,是学生获得学习成功的关键因素之一。人的学习是一种积极的主动过程。当学生把被动、消极的"要我学"变成热情、主动的"我要学"时,这种转变过程就是一个不断增强学习兴趣,走向成功的过程。

具有浓厚学习兴趣的学生,通常会集中精力、全神贯注、兴致勃勃、津津有味地去学习,常常达到废寝忘食的地步。一旦成功或取得了一定成绩,学生就会从中获得巨大的满足感,感受愉悦的体验,从而促进学习兴趣的深化和丰富,产生新的学习需要,学生将采取更为积极的学习态度和学习行为。学习兴趣是学习动机中最现实和最活跃的成分,它使学习活动变得积极、自觉、主动、愉快,从而获得良好的学习效果。因此,学习兴趣是推动学生学习活动的最实际的内部动力或内在动机。

兴趣可以分为直接兴趣和间接兴趣两类。前者是指对事物本身感到需要而产生的兴趣,如有的学生对英语这种语言的学习本身感兴趣;后者是指对事物本身没有兴趣,而是对该事物所带来的结果感到需要而产生的兴趣,如有的同学对英语学习本身没有直接兴趣,但是感到学好了英语对自己升学、工作和生活以及祖国的腾飞非常重要,也非常乐于学习英语,便产生了间接兴趣。这两种兴趣是可以相互转换的。不少同学最初是为了某种目的而学习英语,对英语本身并无好感,但经过一段时间的学习,有了一些进步,开始对英语学习产生了兴趣,间接兴趣向直接兴趣转化。这也说明了学习兴趣是可以培养和改变的。

有不少同学谈到在学习时不能很好地集中注意力,有的同学在听课中常常走神,有的同学一看到书就想瞌睡,有的同学讨厌学习。造成这些问题的原因是多方面的,但其中很重要的一点可能就

是学生缺乏对学习的兴趣。因此说,培养学习兴趣对学生来说是非常重要的,有了学习兴趣,学习就不再是枯燥的事情,学习效率就会提高。那么,怎样才能培养学习兴趣呢?

1.积极期望,培养兴趣

积极期望就是从改善学习者自身的心理状态入手,对自己不喜欢的学科充满信心,相信该学科是非常有趣的,自己一定会对这门学科产生信心。想象中的"兴趣"会推动我们认真学习该学科,从而导致对该学科真正感兴趣。一位学生对学习地理毫无兴趣,每天都怀着焦急的心情等待下课铃声。为了培养对地理的兴趣,他做了这样的练习:"我喜欢你,地理!"在心里重复几遍之后,他觉得地理不像从前那样枯燥无味了。第二天他在图书馆借了一本有关地理的书,回家后高高兴兴地读了起来,再上地理课时也开始听老师讲解了。后来他喜欢上了地理,总是急不可待地盼着上地理课。

2.换换形式,嫁接兴趣

当遇到平淡无味而又必须学习的东西时,如果把它们与生动活泼的学习形式相结合,则也能提高学习的兴趣。比如,很多学生对英语这门功课没有多少兴趣,这时就可以多看一些感兴趣的外文电影,多唱唱外语歌,听外语唱片,这些往往都能收到很好的效果。记外语单词本来是十分枯燥乏味的事,但它一旦与音乐影视相结合,就显得非常轻松,能给人以愉快、舒畅的感觉。

相信每个人在儿童时期都有自己特别感兴趣的事,如爱玩小汽车、爱搭积木等。到了中学后,就应当去发现、了解与爱好有关的知识,如怎样当个好驾驶员?汽车是如何发动的?汽车的构造原理是什么?我所学的知识中哪些和它们有关系?这样就把对学习的兴趣在原有的基础上发展起来了。爱因斯坦上中学时只对物理感兴趣,不喜欢数学,后来他在向纵深研究物理时发现数学是其基础,便对数学产生了兴趣。又如有的同学对语文基础知识的学习不感兴趣,而对写作非常感兴趣。可以通过写作练习,体会出语文

基础知识的学习对写作的重要意义,从而增强对语文基础知识学习的积极性。

3.从小目标开始,培养自我成功感

在学习之初,确定小的学习目标,学习目标不可定得太高,应从努力可达到的目标开始。不断地进步会提高学习的信心。不要期望在短期内将成绩提高上去,有的同学往往努力学习一两周,结果发现成绩提高不大,就失去信心,从而厌恶学习。持之以恒地努力,一个一个小目标的实现,是实现大目标的开始。

在学习的过程中每取得一个小的成功,就进行自我奖赏,达到什么目标,就给自己什么样的奖励。有小进步,实现小目标则小奖赏,如让自己去玩一次自己想玩的东西;有中进步,实现中目标则中奖励,如买一本自己喜欢的书画或乐器等;有大进步,实现大目标则大奖励,如周末旅游等。这样通过渐次奖励来巩固自己的行为,有助于产生自我成功感,不知不觉就会建立起直接兴趣。

4.了解学习目的,间接建立兴趣

学习目的,是指某学科的学习结果是什么,为什么要学习该学科。当学习该学科没有太强的吸引力时,明确学习的最终目标是很重要的。学习过程多半都要经过长期艰苦的努力,这种艰巨性往往让人望而却步,而学习又是学生的天职,不能不学,所以要认真了解每门学科的学习目的。看书上的绪言部分,听老师介绍学科发展的趋势,或从国家、社会的发展前景的高度去看待各门学科。例如,记外语单词和语法规则,常常是枯燥无味的。但记住以后,会给听、说、读、写、译等技能的培养带来很大的帮助,而且考试中也会得高分。如果我们对学习的个人意义及社会意义有较深刻的理解,就会认真学习各门功课,从而对各科的学习产生浓厚的兴趣。

5.多提问题,捕捉兴趣

当你为回答或解答一个问题而去读书时,你的学习就带有目的性,就有了兴趣。准备一些问题是很容易的,仅仅把每节的标题

当成问题也可以。例如学习阿基米德定律时,你可以问:阿基米德定律的内容是什么?是怎样发现的?怎样证明它的结论是对的?它的公式是什么?使用它应注意什么?我能否用其他的办法推出?为了回答这些问题,一开始你强迫自己认真看下去,一旦你真正地往下看,你就会被吸引住。

通过经常地提一些问题,就会在解决问题的过程中,捕捉到自己对这一学科的兴趣,进而产生钻研的想法。

6.想象成功,激发兴趣

当我们满腔热情地去做任何一件事前,一般都对它的结果有了预期的想象,而坚持去做这件事情。例如你想象某个电影非常好看,就会在潜意识里促使自己想去看;假如你事先想象这个电影不好看,那么你一定不愿去看。厨师想象自己做出来的佳肴是什么味道,继而辛苦劳作;作曲家想象自己作出的曲子会产生什么样的声音,从而激发他的创作热情。你可以想象考试成绩优秀,可以顺利进入大学,为家庭为社会作出贡献,为个人创造好的前程。也可以想象考试成绩优秀,得到老师、家长的赞扬,得到同学们的羡慕等,从而激发学习兴趣。想象会助你成功。

第六节　向课堂 45 分钟要效率

状元如是说

贵州省理科状元,以 676 分考入北京大学数学系的陈希说:"我在课堂上很用功,课后做完作业就不用功了,也看电视,讲究劳逸结合。只要上课时跟上老师的思路,紧抓

课堂45分钟把课本的知识当堂消化掉,再做些配套练习,把课本上的重点举一反三地融入练习当中,学习起来就不会那么吃力。对于习题只要掌握每种题型的解题方法就够了,不用大量做题。"

课堂学习在人们整个学习过程中占有重要地位,中学阶段尤其如此,它甚至成为中学生学校生活质量的标志。学生只有珍惜每一节课上的45分钟,认真思考,努力探索,才能取得理想的学习效果,收获到学习的快乐。否则,学习效果便会事倍功半,而且对以后的成才和发展造成不良的影响。同时,课堂上听课效率的高低,会直接影响学生学习成绩的优劣。

清华大学电子工程系的学生刘子超回忆自己高中时的学习时,深有感慨。在课堂上,如果学生能跟上老师的思路,尽管当时无法体会其优越性,但实实在在是用最少的时间,最高的效率,学到了知识的关键之处。如果课上没有听明白,千万不能拖,当时就要想办法问清楚,问老师,问同学,大家讨论,模糊的地方一经讨论清楚,给自己留下的印象就会更深刻,也不容易忘记。但是若把不懂的放了过去,日子一久,就像一幢大楼的地基中今天一个漏洞,明天一个漏洞,等该用的时候难免危机四伏,而想要把所有的洞一下子都补上,却力不从心了。当天事,当天毕,其中的好处是不难体会的。

那么,课堂的45分钟,究竟要怎样把握呢?在分析了历年高考状元的成功经验后,笔者整理出以下几点建议,供学子们参考。

1.不开小差,紧跟老师的思路

上课开小差,是很多同学都会遇到的难题。当注意力收回的时候,已经跟不上老师的节奏了。课堂上,要每一分每一秒都聚精会神听老师讲课的确很难。有的同学,虽然人在教室,心却可能不在听课上。这样肯定是不行的。老师上课都有一定的思路,紧跟老师

的思路才能取得良好的学习效果。

建议同学们在老师讲课的时候,多注意老师的讲课方式,看有没有与自己预习时理解相悖的地方,有没有遗漏的地方,多提出自己的疑问,批判地接受老师的讲课,走神的情况会大大减少。当然,更要有决心才行。

如何紧跟老师的节奏呢? 教师讲课在多数情况下是以教材本身的知识结构展开的,若把自己预习时所理解过的知识逻辑结构与老师讲解过程进行比较,你就可以抓住老师的思路。

你可以根据老师的提示抓住老师的思路。老师在教学中经常有一些提示用语,如"请注意"、"我再重复一遍"、"这个问题的关键是……"等等,往往体现了他(她)的思路。

你可以跟紧老师的推导过程。老师在课堂上教学某一结论时,一般有一个推导过程,如数学的来龙去脉、物理概念抽象归纳、语文课的分析等。感悟和理解推导过程是一个投入思维、感悟方法的过程,这有助于理解记忆结论,也有助于提高分析问题和运用知识的能力。

你也可以根据课堂提问抓住老师的思路。老师在讲课过程中往往提出一些问题,有的要求回答,有的是自问自答。一般来说,老师在课堂上提出的问题都是关键,若能抓住老师提出的问题深入思考,就可以抓住老师的思路。

你还可以通过记笔记来抓住老师的思路。碰到自己还没有完全理解的内容时,最好做个记号,把这个问题存下来不想,继续听老师讲后面的内容,以免顾此失彼。

2.抓住关键,及时消化

一位哲学家说过,选择是听的艺术的金钥匙。这非常适用于课堂听讲。一般来说,老师讲的都要听。但有时老师为了照顾不同层次的学生,采取不同的方式讲不同层次的内容,这时学生就得根据自己的实际情况有选择地听, 即抓住对于自己有重要意义的关键

内容。一位中学生说过下面一席话,或许对同学们有一定的启迪。

她说:"课堂教学进度一般以中等学生的理解能力为主,顾及差生的能力所及。这样一来,基础比较好的学生会产生'吃不饱'之感。那么,听课方式大可不必'专心致志'。主要听课内容为:规律性的知识以及老师给的教学方法、解题思路等作为我们听课的核心内容。而对于那些常规的、纯属老师'炒剩饭'的部分,则无须一板一眼地听。这时,可以看一些与课堂有关的书籍,扩大知识面,增长见识。当然,这需要对自己的实力有正确的估计,切不可眼高手低,顾此失彼。"

一般而言,听讲的关键内容主要有:

(1)基本概念、基本原理、基本关系式等;

(2)教师补充的重要内容;

(3)教师点出的学生最容易混淆和出错的地方;

(4)预习时未完全弄明白的学习内容。

上课时要紧跟老师的思路,等老师讲到关键之处时,你要特别留心,紧抓不放。这里也特别补充说明一下,课堂上记笔记的时候,一定要抓住重点记录。不必要把老师说的每一个字都记下,这样既提高了效率,也不至影响听课思维节奏。

在课堂上,及时把老师讲的内容消化掉,也是一个很重要的学习技巧。来自江西省的高考状元王沛嘉在谈学习经验时说,自己学习上最大的特点就是课堂消化、轻松学习。上课认真听讲,课堂上就把老师讲的知识消化掉,有疑惑的就想一想、问一问,基本不把作业或疑惑带回家,用她的原话说就是"在学校搞定"。

3.积极思维,学思结合

俗话说:"读书不知义,等于嚼树皮。"古代教育家孔子也说:"学而不思则罔,思而不学则殆。"可见,积极思维、学思结合多么重要。那么,在课堂上如何进行思维呢?

你可以将自己预习时的理解与老师的讲解进行比较,加深对

新内容的理解和记忆,纠正自己先前主观理解的错误。你也可以超前思考,上课不仅要跟着老师的思路走,还要力争走在老师思路的前头。譬如,老师刚提出一个问题,就应主动去寻找答案,然后和老师的答案对照。自己想对了,老师再一讲,就记得更扎实;想不出来,或和老师的答案不一样,再听老师的讲解,自己的理解也会更深刻。

中国有句俗话:"边学边问,才有学问。"西方也有一句谚语:"不问的人永远和愚昧在一起。"你可以大胆怀疑现有结论,注意对所学课题多问几个"为什么"或"怎么样",有了问题,然后独立思考寻求答案,如果自己找不到满意的答案,就向老师和同学请教。

你可以从老师的讲解中舍弃那些非本质的表面材料,去粗取精,归纳出老师所讲内容的梗概,领会老师讲解的要点,并使这些内容与自己原有的知识结构融为一体。你也可以揣摩老师讲解的意图。弄清老师是在陈述一件事,还是在说明一种物;是在抒发某种感情,还是在发表某种议论;是在探讨某个问题,还是在提出某种疑问。

你应该积极参加课堂讨论。苏格拉底说过,讨论是达成真理的"助产术"。在讨论问题时,既认真倾听其他同学的发言,又积极思考,讲清自己的基本思路和观点,使智力从"常态"跃迁到"激发态"。你还应该体会老师在讲课过程中使用的学习方法,并寻找合适的机会灵活运用它,以提高自己的学习效果。

最后,还需要强调一个细节。相信有的同学会有这样一个不好的习惯。比如,对某个老师的风格比较喜欢,会特别喜欢上他(她)的课,而相反,如果讨厌某个老师,就会在他(她)的课上漫不经心,甚至课后还对这个老师品头论足。

事实上,不同的老师有不同的授课风格,有的口若悬河,但照本宣科;有的语言幽默,但好开无轨电车;有的逻辑严密,但语言缺乏艺术;有的讲得不多,但提问很有启发性……面对不同授课风格

的老师,有些你适应,你喜欢;有些你可能不适应,不喜欢。遇到自己最初不适应、不喜欢的老师,千万不要没完没了地埋怨、指责,那只能弄坏你自己的情绪,使该学科越学越糟。反过来,你应该千方百计地适应老师,这样既能提高你的学业成绩,又能增强你容人的能力。

第七节   用好零散的时间

状元如是说

　　湖北省宜昌市枝江一中考入清华大学的金伟同学说,他每天抽时间做一点儿完形填空和短文改错题,仅坚持了两个月,就见到了效果。还有,学会见缝插针利用空余时间。如果我们注意一下自己的生活,我们会发现我们还是有不少的空闲时间的。如上学路上,等车的时候,饭前饭后等。如果利用这些点滴的时间,记一两个单词,看一段阅读等,日积月累也挺可观。别小看了零碎时间,坚持利用下来,你会发现受益匪浅。

　　著名数学家华罗庚曾经说过:"时间是由秒积成的,善于利用零星时间的人,才会做出更大的成绩来。"然而,大多数孩子由于贪玩,很少能意识到零散时间的重要性,把零零散散的时间轻而易举地从自己手里挥霍出去。

　　常言道,"一寸光阴一寸金,寸金难买寸光阴"。零散时间也是宝贵的光阴,放过去了,也是"时不再来"的。每天二十四小时中,

规定的上课时间、上学放学途中、吃饭、睡眠等所用的时间，好比固定的"大块儿"时间，是工厂"正经"的"材料"。此外的零散时间，好比是"边角料"。工厂充分利用边角料，能"化腐朽为神奇"，制造出不少质量、样式并不亚于用正经材料制成的产品。

比如，两堂课之间的课间休息，除了短暂地休息一下，恢复体力振作精神以外，可以及时地复习一下听课笔记，巩固所学到的内容，加深理解，理清线索。将一些需经常记忆、反复记忆的公式、单词等记在便于携带的小卡片上随身装着，利用排队、等车等时间空隙拿出来抓紧学习（活页式的笔记也有同样的功效）；还有人在家中盥洗室的镜子边也贴上这些卡片，一边洗漱一边学习……这种类型的事例，不胜枚举。积少成多、集腋成裘，我们如果能够充分利用好这些时间的"边角料"，一定会达到意想不到的效果。如果不加以利用，就将是一个很大的损失。

时间像海绵里的水，只要愿挤，总还是有的。对高中学子们来说，功课越来越重，作业越来越多，不仅没有时间来听英语，甚至连睡觉的时间也越来越少。所以，要充分利用被我们浪费的、或认为是无足轻重的、零散的边角料时间，这样，就可以节省出大块的周末时间去郊游、运动、休闲……

古往今来，一切有成就的学问家都是善于利用零碎时间的。东汉学者董遇，幼时双亲去世，但他好学不倦，利用一切可以利用的时间。他曾经说："我是利用'三余'来学习的。""三余"，即"冬者岁之余，夜者日之余，阴雨者晴之余。"也就是说在冬闲、晚上、阴雨天不能外出劳作的时候，他都用来学习，这样日积月累，终有所成。

许多同学往往认为那些零散的时间没什么用处，其实这些时间看似很少，但集腋成裘，几分几秒的时间，看起来微不足道，但汇合在一起就大有可为。我们来看 2005 年以高分考入北京大学新闻与传播学院的张文静同学的经验：

1.早晨刷牙洗脸的时候,思索今天自己要完成哪些计划。在吃饭的时候,像电影循环场似的播放英语磁带,既强化了听力,又节省了时间。

2.在学习前,先检查是否准备好学习用品:钢笔、尺子、圆规、涂改液、橡皮、字典、工具书、草稿纸、削好的铅笔,省得一坐下就找事。

3.准备个错题本:记录所有考试、作业中的错题,便于在考试前总复习时用。准备一个问题本:记录各科学习中随时出现的问题,便于及时向老师和同学请教。

4.利用课间,及时找同学补充课堂遗漏的笔记,以扫清日后学习的障碍。零散的知识主要是英语单词和语法,语文的语音、词语、标点、熟语等基础知识。大块的读书时间可以用来读文章,记忆政史地等系统性很强的知识,而把那些零碎的知识写在小纸片上,随身携带,在零散的时间里记忆。

张文静把自己的这一方法归结为:用零散的时间记忆零散的知识。这里需要说明的是,我们强调利用零散时间,不是说做眼保健操的时间也应该用来学习,也不是说放下饭碗立刻就要看书,更不是说要把周末的时间完全用在功课复习上,把应有的睡眠时间也挤掉。有人认为"张"而不"弛"、"劳"而不"逸"才算珍惜时间,这是不对的。应该把必要的休息看做是学习和工作所应包括的一项不可缺少的内容。而且,休息的方式是多种多样的:睡眠、闲谈、散步、娱乐、欣赏艺术……例如,马克思以演算数学题作为自己工作之中的小憩。当然,除了休息之外,我们还必须注意体育锻炼,只有拥有强健的身体才能适应繁忙的学习。

第八节　合理安排好复习时间

状元如是说

　　2005 年高考以 707 分进入北大元培实验班的北京理科状元田禾认为，老天很公平，给每人每天都只有 24 小时。但是，同是 24 小时，不同的人会有不同的效率。如有的同学善于科学安排自己的学习时间，学习、生活、休息井井有条，学习效果也很好；而有的同学却相反，不善于安排时间，整天忙作一团，但学习、生活无规律，学习质量也不高。所以，科学安排学习时间是非常重要的。

　　如果我们能够在所学内容即将忘记时进行复习，那么复习的效果最好，效率也最高。著名的心理学家艾宾浩斯通过实验发现了人的记忆与遗忘规律。实验证明：仅过了 20 分钟，就忘记记忆内容的 42％，1 天后忘却量已经达到了 66％，到了第 31 天，忘却量高达 79％。他根据实验结果，画成了著名的遗忘曲线。并表明遗忘的规律是"先快后慢"。这条规律提示我们，一定要尽早、及时地对所学知识进行复习，以便在知识还在大脑内时就加深印记，否则大脑中已经没有痕迹了，只能再费精力重学。

　　如何能够做到合理安排复习时间呢？笔者将其概括为："三随"、"三定"、"两挤"。

　　"三随"就是：

　　一随课表安排时间。根据课程表合理安排自己预习、上课、复习、图书馆学习等活动，使学习有序进行。

　　二随作息安排时间。将自己一天的学习、工作、娱乐、休息、睡眠时间科学安排下来,严格执行,养成科学运用时间、科学运筹时间的科学态度。

　　三随制度安排时间。安排时间要考虑到学校制度的规定、要求,不能有与学校制度相违背的时间安排。

　　"三定"就是:要对重点课程、课程的重点、难点确立固定的时间进行攻读学习;固定时间锻炼身体;对特定时间固定安排。

　　"两挤"实际是指:充分利用、科学安排零散时间,从而达到节约时间。零散时间可以用来学习做些小事、杂事,如记外语单词。

　　每当各科老师纷纷布置一大堆作业时,老师提醒大家,制定出一个相应的时间表,把用于做每科作业的时间做了比较详细、合理的划分。这样一来,同学们就不会面对这成堆的作业,感叹无从下手了,也不会顾了这一科,不知不觉中就误了那一科。

　　以下是一位高考状元的每日作息时间表,可供参考:

每天 6:00 起床

6:30-7:30 复习英语

7:40-9:40 复习数学

9:50-11:50 机动安排

中午午休

下午 2:00-4:00 复习化学

4:10-6:10 复习物理

晚上 2 个小时复习语文

其余时间机动

　　在每一门课的复习中,不同阶段以不同内容为主,多看课本或多做习题,要掌握好。

　　因此,合理安排复习时间特别重要又必要,制订复习计划,严格按计划执行,并力求形成习惯,是我们每一位学生都应该努力做到的。

第九节　给自己列一个复习计划

状元如是说

2009 年的高考,南开中学的夏诗耀以 693 分的总成绩摘得天津市理科状元的头衔。夏诗耀说,自己从小就养成了良好的学习习惯和培养了健康的兴趣爱好。从小学起,学习特别自觉,并为自己制订了学习计划表,高三的时候更是为自己量身制订了一套有效的复习方案,合理规划自己的时间。

学习,不能没有计划,盲目的应付。最简单的,我们要清楚一周内所要做的事情, 所要达到的目标, 然后制定一张日作息时间表。在表上填上那些非花不可的时间,如吃饭、睡觉、上课、娱乐等。安排这些时间之后,选定合适的、固定的时间用于学习,必须留出足够的时间来完成正常的阅读和课后作业。当然, 学习不应该占据作息时间表上全部的空闲时间,应给休息、业余爱好、娱乐留出一些时间,这一点对学习很重要,值得注意。即便是在高三复习最紧张的时候,也要适当地给自己留一些放松的时间。

来自清华大学经济管理学院的李妍同学认为: 学习有序、有效、有目的的最好办法就是定期制订学习计划和学习目标。李妍同学的英语学习就是这样进行的。英语学习同语文一样需要平时积累,每天学上半个小时就管用,所以,坚持是学好英语的关键。这事儿说起来容易做起来难。要想每天做到 20 分钟的英语阅读,

脑中就要始终绷着根弦儿。平日,除了常看英语小说外,还要规定自己定时定量完成任务,并记下当天的阅读成绩。两个星期做一次总结,会发现自己的水平在不断提高,这样英语学习就更加有动力和恒心了。语言的学习最忌讳的就是"三天打鱼两天晒网",强调的就是要连续不断、持之以恒。完成学习计划的情况也是自我监督的一项内容,这有利于形成自主学习的好习惯。不过,学习计划要制订得科学,不能过紧,否则容易灰心丧气。学习目标也要订得合理、实际,能够不断激励你发奋学习才是最合适的。

当然,制订学习计划,也需要注意以下几点:

1.目标要具体,符合实际

制定学习目标,不能是空泛的,要有具体内容,要符合自己现在的学习压力和水平。绝对不能与老师的复习计划相脱节,自行其是,自搞一套。一般负责高三教学的老师,都是有数年、数十年教学经验的、对如何指导学生进行高考备战非常有心得的教师。这样的老师提出的复习计划,是绝对不能忽视的。你要做的是,针对自己的特殊情况加以调整。

安徽文科状元余子宜认为制订学习计划一定要根据自己的具体情况来进行。这就要求每个同学首先要对自己的各科学习状况有一个全面而又客观的了解,知道自己强在哪,弱在哪,在哪些地方还存在不足。在知道自己缺什么以后,就可以有针对性地制订学习计划。

他本人在英语和地理这两门课上比较有优势,语文较弱,这样他在制订学习计划时在时间的投入上也就开始向语文等弱科倾斜,从而让弱科跟上,强科继续保持优势。他说这样制订的学习计划才更有实用价值。

再比如,同学们在复习中,假如知道某一段知识自己掌握得不错、平时考试没什么问题的内容,就可以少花些时间,完成老师布置的复习作业再稍看一下即可;哪一段知识是自己学得不太好、问

题比较多的内容,就多花些时间,在完成了老师留的内容之后再多看、多想上几遍,另外自己再找一些有关的参考题目做上几遍,非把它弄扎实不可。

2.循序渐进,计划要突出重点

吉林省理科状元吴茗认为在制定学习目标时还要有一个循序渐进的过程,应先制定现实的、容易达到的目标,然后再一点一点地提高目标。这样有利于调动学习的积极性,增加自信。要是一下子定的目标过高,实现不了的话,容易让自己产生急躁情绪,从而挫伤自己的锐气。

一般而言,中学的学习时间特别紧,学习任务重,可以把自己要做的事情按照重要和紧迫程度排列顺序,分为以下几类:第一类是重要而紧迫的事情,如考试、测验;第二类是紧迫但不重要的事情,如完成家庭作业;第三类是重要但不紧迫的事情,如提高阅读能力;第四类是既不重要也不紧迫的事情,如自己安排的课外辅导资料的学习。

3.定期回顾,及时调整

在每一个计划执行结束或执行到一个阶段时,应当回顾一下效果如何,问一问自己是不是按照计划去执行任务的?学习效果如何? 如果有任务没有完成,那是什么原因? 回顾之后,要记得补上缺漏, 重新修订计划。也可以通过日记来记录一天的学习计划进度,便于改进和回顾。

4.劳逸结合,留出机动时间

不管什么时候、不管多么紧张形势多么严重,都一定要给自己留休息、放松的时间。人不是机器、不能总紧绷着弦。半个月或一个月出去度个假、玩一玩是个好主意。适当的放松不仅不是浪费时间,反而是为了更好地利用时间,是提高效率的好方法。

正所谓"计划没有变化快",同学们在制订计划的时候,还要适当留出一点机动时间。不要完全把时间卡死。因为在高中紧张的

学习中,难免会有一些临时性的变化。只有把计划留出一些机动时间出来,这样才能做到周密完全。

最后,还有一点需要提醒同学们注意:计划只有坚持执行才有意义,只把计划列下来却不去执行是没有任何意义的。

第十节 高考状元的5大高效用时法

状元如是说

2009年海南省高考文科状元陈之伊坦言,自己并不是一个很聪明的人,只是在学习中非常懂得珍惜时间和高效利用时间。不管是在课堂上,还是在自习中,都尽可能把自己的每一分、每一秒用在对掌握知识和提高学习成绩有帮助的地方。

在这个世界上最公平的就是时间,每个人的一天都是24小时。可每个人利用时间的方式和效率却各有不同,有的人把大量的时间都用在了无用之处,有的人1小时能顶别人的2小时用。

来自上海的文科状元王瀛这样利用时间:"把握住每一分钟,提高每一分钟的学习效率,把每一分钟变成十分钟,让十分钟变成一小时。"通过把时间用在点子上,采用好的学习方法,养成做事利索的习惯,寻找便捷之路,选择高效时间段,一时多用等措施,自然可以大大地提高时间利用率。

针对高效用时,笔者在这里提供以下一些建议:

1.充分认识时间价值法

时间是宝贵的,时间对每位同学来说都是极其有限的,并不是

取之不尽用之不竭的。在极其有限的时间内,每个同学每天都要做许多事,因此每个同学都存在一个该如何高效用时的问题。只有充分认识到时间的宝贵,才会在潜意识里处处留心时间的价值,也才会在点滴的时间里用心学习。

2.用时到点法

时间是不能储存的,不管你用它还是不用它,它都会像小河的流水一样不断地流淌着,一旦失去后就再也不会回来了。因此,每个同学都应引起高度的重视,适时地把时间用在有用的事情上。如果把时间用在无用的事情上,那么就等于是浪费时间。因此,每个同学都要学会把时间用在点子上。

那么对于学生来说,怎样才叫把时间用在点子上了呢?

学生就是要学知识长本领,因此,从大的方向上来说把时间大都用在学习上,也就算是用在点子上了。具体地说,还要看用在学习中的哪些方面。如用在规定的考试科目方面,用在自己还不知道和薄弱的地方等。

3.好的学习方法

学习方法是一系列相互关联的活动,是学习者在一定的学习原则的调节指导下,有意识地发挥自己的心理能力和体力,把一系列具体的方法和手段连为一体而形成的有明确目的的活动。好的学习方法也就是高效率的学习方法,它就像先进的工具一样,既能用时较短又能把事情做得更好。否则,就不能称之为好的学习方法。

学习方法的根本是什么?对于在校的学生来说,就是为了更好地掌握知识,基本学习工具就是记忆、理解和实践,基本的方法就是不会就问,不懂就学。其实这对于成人来说,道理也是一样的。

每个学生都应该有适宜自己的学习方法。例如,有人喜欢早上背书,有人喜欢睡前记忆。这需要同学们自己体会和琢磨。

4.养成做事利索习惯法

学习就像走路一样,要想尽快地到达目的地,就要加快速度。

这就要求同学们平时要养成做事利索的好习惯，做事磨蹭拖拉的人，就会在学习中比别人多用时。

对于平时做事较为磨蹭拖拉的同学，一方面在做事时要有时间紧迫感，不要误以为时间是无限的；另一方面还要注意做好自我训练，让自己逐步地养成做事利索的好习惯。如在平时做练习时用限时的方法，注意提高自己的书写速度，无论做什么事都在心里跟人家比一比看谁快等。这些都是让自己利索起来的好办法。只要平时多注意，用不了多长时间就能改掉做事磨蹭拖拉的坏习惯。

5.寻找便捷之路法

学习有时就像走路一样，要想尽快地到达目的地，还有一个办法就是要寻找便捷之路。到达目的地的路往往不只有一条，而是有多条，在这一条条路中有长的，也有短的，走长路肯定就要多费时，走短路就会省时。这就是要寻找便捷之路的原因。学习时注意寻找最为便捷的学习路径，做题时注意寻找简便的解题和运算方法等，这样就可以大大提高时间利用率。

俗语说，书山有路勤为径。的确如此，寻找便捷的学习之法，不是投机取巧，而是基于勤奋基础之上的高效率地学习。

第八章
用自信寻找自己的成功之路

在学习的过程中,方法很重要。其实,最好的方法没有固定的模式,只有适合自己的才是最好的方法。那些考上清华北大的学子们正是因为找到了适合自己的学习方法才能在学习上取得事半功倍的效果。最好的学习方法一定是最适合自己的,只有充满着自信,相信自己可以成功,才能取得成功。

第一节　做最好的自己就是成功

状元如是说

　　池跃洁（2008年河北省高考状元，就读于清华大学电子信息工程专业）认为，人的潜力是无限的，只要你肯发掘。每个人在不同的学习生活和经历中，总会碰到一些不愉快，或者对你有所触动的事。不要只想着让它成为你心中的记忆，而没有想过让它成为你的闹钟，成为你前进的发令枪。对那些给你帮助的人，你的成功便是对他们最好的报答；对那些看扁你的人，你的强大便是他们最害怕的事。关键是你是否看到这一点，并依靠它的力量来激发你的潜能，释放你的潜能。做最好的自己吧，一个人应该明确自己的梦想，挖掘潜力为梦想去奋斗！

　　清华北大高考状元的成功固然需要欣赏，更重要的是应当学会享受自己的成功。做最好的自己，就是最大的成功。

　　如果强迫自己去做那些不适合自己的、模仿别人的事情，就无法从内心深处投入足够的兴趣和激情。在这样的状态下，就算尽了百分之二百的努力，也往往会事与愿违，同时还会让别人觉得自己缺乏诚意。想取得成功，首先就要做最好的自己。换言之，成功就是按照自己设定的目标，充实地学习、生活，就是始终沿着

自己选择的道路,做一个快乐的、永远追逐兴趣并能发掘自身潜能的人。

吕祚成,毕业于淄博市实验中学,2008年山东省淄博市文科状元,被北京大学录取。吕祚成说:"在学习上,我一直坚持这样一个原则:做最好的自己。挖掘自己的潜能。"

吕祚成回忆,在高一时读过一篇小文章,对自己的启发很大。

文章写的是,一位名叫史蒂芬的英国人,他因一次意外导致双腿无法行走,已经依靠轮椅生活了20年。他觉得自己的人生没有了意义,喝酒成了他忘记愁闷和打发时间的最好方式。有一天,他从酒馆出来,照常坐轮椅回家,却碰上3个劫匪要抢他的钱包。

他拼命呐喊、拼命反抗,被逼急了的劫匪竟然放火烧他的轮椅。轮椅很快燃烧起来,求生的欲望让史蒂芬忘记了自己的双腿不能行走,他立即从轮椅上站起来,一口气跑了一条街。事后,史蒂芬说:"如果当时我不逃,就必然被烧伤,甚至被烧死。我忘了一切,一跃而起,拼命逃走。当我终于停下脚步后,才发现自己竟然会走了。"后来,史蒂芬找到了一份工作,他身体健康,与正常人一样行走,并到处旅游。一双20年来无法动弹的腿,竟然于危在旦夕的关头站了起来。这不禁让我们产生疑问:到底是什么因素使史蒂文产生这种超常力量的呢?显然,这并不仅仅是身体的本能反应,它还涉及人的内在精神在关键时刻所爆发出的巨大力量。

现代心理学所提供的客观数据让我们惊诧地发现,绝大部分正常人只运用了自身潜能的10%。可以这么说,每个人都有一座"潜能金矿"等待被挖掘。

说到这里,可能有好多同学会迫不及待地问,到底要怎样才能成功挖掘自己的潜能呢?下面,笔者结合多年的教学经验,提出几点建议。

1.学会正确归因

我们说潜能需要激发,但这种激发是一个过程。在这个过程

中，很多因素会影响我们是否能顺利激发潜能，能否正确归因就是其中一个关键因素。

很多同学明知自己不比其他同学笨，但当他们学习失败时，就会归咎于自己的能力不行，即使取得了好成绩，也只认为是自己运气好。这会让同学们要么感到自卑，要么心存侥幸，但就是缺乏学习的积极性，不愿在学习上投入时间和精力。这种学习上的消极归因使同学们忽视了自己那巨大的可利用的智力潜能。

积极归因，是我们每个人都需要学会的。当学习取得进步时，可以将其归功于自己的努力，这样会激发自己想进一步取得成功的欲望从而继续努力；也可以把这些进步当做自己能力强的体现，从而使自己产生一定的满意感，增强成功的信心。如果偶有失败，我们也大可在轻轻一笑中把失败归因于任务太重或运气不好，这样既可为自己开脱，使自己获得心理平衡，也可鼓励自己更加努力，并克服困难。不过，切不可因此对今后的学习产生靠运气的侥幸心理。

2.养成良好的习惯

习惯就像一个能量调节器，好习惯自发地使我们的潜能指引思维和行为朝成功的方向前进，坏习惯则反之。好习惯会激发成功所必需的潜能，坏习惯则在腐蚀有助于我们成功的潜能宝库。

著名心理学家王极盛先生曾经对 1560 名中学生进行过问卷调查，主要考察不良学习习惯对学习成绩的影响。调查结果表明，仅有 27.2% 的学生认为不良学习习惯对他们的学习成绩没有影响；其余 72.8% 的学生都认为不良学习习惯对学习成绩有影响。在这部分人中，认为习惯对学习成绩有轻度影响的占 32.7%；有中等程度影响的占 20.1%；有较重影响的占 13.2%；认为有严重影响的学生占 7.5%。从这个调查中可以看出不良学习习惯对学习成绩有很大影响。他访谈过 200 名高考状元，他认为这些状元们都没有什么特殊的秘诀，就是爱学习，可以说每个状元都有良好的学习习

惯。这些习惯已经成为他们素质的一部分,如果不让他们学,他们都会觉得难受。因此,在总结高考经验,挖掘潜能,做最好的自己的时候,其中重要的一点就是养成良好的学习习惯。

第二节　学会自我心理分析

状元如是说

> 叶欣(2000年四川省高考理科状元,总分687分。毕业于四川省成都七中,清华大学生物科学专业本科生)认为,无论是科目复习还是心理调适,考生都要切忌放纵自己,如果长时间地处于轻松自然状态,考场上就很难发挥出正常水平。

古埃及的神庙上早就镌刻了"认识你自己"这样的语句,可是我们看到现实中有很多同学却完全不了解自己,不知道自己学习究竟是为了什么,或者说把学习当做一种沉重负担。笔者曾观察八位北大的高考状元,他们身上都有着一个非常显著的共同点,那就是心理素质非常好。从他们身上,你会发现学习和读书是一件乐事,高三生活对于他们是一个成长和自我充实的过程。他们从来不会把学习当成是负担。

高中阶段的学生,心理上总有一种窒息感,思想上完全失去了孩提时的那种自由度和单纯性,心理压力较大。这种现象在心理学上被称为"高原性"心理。具有"高原性"心理的学生,经常表现出躁动和不安,影响自己的学习和正常的生活秩序,影响自身素质和

各种能力的培养。实际上"高原性"心理是一种自然心理现象,其形成的原因是一系列综合性因素的反应,归纳起来有:

1.学习负担加重

高中的主要功课有 9 门,包括政治、语文、英语、数学、物理、化学、历史、地理、生物。期间还可能附加体育、美术欣赏、音乐欣赏、信息技术等科目。学生入学后,看到一大摞的课本摆满了书桌,在心理上就产生了一种强大的压力,思想深处总纠缠着"能都学好吗",窒息感油然而生。

2.生活负担加重

高中阶段的学生多数是来自不同城区、乡镇的学生,留校寄宿的多,穿衣洗刷、管理自己成为一种不轻不重的包袱,特别是依赖性较强的学生,心理上的负担更为突出。

3.实践能力较差

进入高中阶段,课堂上增加了很多的动手实验,如理、化、生实验和电脑课。有些学生(特别是农村学生)在这之前连最简单的仪器名称可能都不懂,很陌生,因此操作起来害怕这,害怕那,不能完成实验,心理压力很大,影响了实验效果。

4.承受家长希望的能力较差

相当一部分家长没有掌握科学的家教理论,"望子成龙""望女成凤"心切,期望值过高。特别是学费较高的扩招生、借读生,其家长们唠唠叨叨,不尽的爱中夹杂着更多的压力,导致学生思想上压力较大,思绪烦杂,甚至与家长共同语言减少,亲和性降低,学习效果不够理想,承受家长希望的能力较差。

5.为自己的前途而忧虑

一般来说,升入高二年级,学生将要面对文、理分科的选择,受家庭、社会的影响,有相当一部分学生陷入迷惘,往往为自己的未来和前途忧虑不安,使自己的学习处于一种被动状态,无所适从,进而学习目的不够明确,对"学以致用"感到怀疑,思想常常被一些阴影所笼罩。

6.青春期的躁动

高中阶段有些学生不懂得自己生理上的正常发育规律,把对异性的注意、向往或情感的冲动视为品行低下,经常进行自我斥责、自我怨恨、自我鄙视,导致不敢正视异性,影响了自己的学习成绩。

同时,对待早恋问题,有的学生的自制力也很差。高中是学知识的大好时间,如果过早地涉足早恋问题,务必会耽误学习。这方面,青慈阳(2008年高考广西区理科状元)同学就处理得很好。他曾坦言:"上高中时,我曾经喜欢一个人,但恐怕也是因为我比较害羞吧,一直没有表达出来,后来压在心底一段时间,慢慢地我发现,对女孩子的好感竟然会自己消失了。自制力很重要,我觉得,高中阶段时间宝贵,学习是最重要的任务,谈恋爱会浪费时间,影响学习,影响以后的发展。"

7.严师不可亲近

学生总希望任教的老师有副亲切的面孔,能当他们是朋友,是"哥们、姐们"。但有的老师不是以自己的学识、素质、宽容去让学生折服,而是虎视眈眈,随便使用"下马威"、"杀手锏",使学生在怕中学习、守纪、生活,心情紧张,处处小心,应有的能力得不到发挥,对老师不敢亲近,心理沟通不够,师生之间缺乏和谐。

8.渴盼有属于自己的天空

高中阶段的学习和生活具有时间紧、节奏快的特点。有些学生不适应这种学习生活,他们渴盼有属于自己的天空。他们讨厌假日补习,讨厌题海,讨厌压得喘不过气的书山,如此种种现象又被老师指责为"不务正业",贴上"没有出息"的标签,导致这些学生暗暗怄气。

9.成绩排名站队的烦恼

高中阶段的学习,考试名目繁多,有月考、会考、期中考、期末考、模拟考等,而每一次考后都会对所有学生的成绩进行排名站

位,并把结果通报家长,有相当多学生对此担惊受怕,造成的心理负担不小。

高中学生的"高原性"心理比较复杂,引起的原因也很多,直接影响着学习、生活等诸方面兴趣的培养,以及对目标、理想的奠定。作为学生自己,除了要和父母、老师沟通心理外,自己也要学会心理调适。笔者在这里建议同学们注意以下四个调节方法:

(1)学会理智调节

无论遇到什么事件,产生什么情绪,都要唤回理智,用理智的头脑分析并进行推理,找出产生不良情绪的原因,从而保持心理平衡。

(2)注意力转移调节

当你心绪不佳,有烦恼时,可以外出参加一些娱乐活动,换换环境,换个想法,忘却不良的情绪。

(3)合理宣泄调节

情绪有的可以控制,有的也不必抑制,在适当的场合下,合理地宣泄一下自己的情绪,同样可以起到心理调节的作用。

(4)交往心理调节

当你心情不愉快时,不妨向同学和朋友交谈倾诉一番,特别是向异性朋友倾诉,会产生良好的心理调节作用。

第三节　用坚强的意志力做赢家

状元如是说

　　2009 年河南省周口市的文科状元韩炎彤是一个很有意志力的男孩。他曾为自己定下"没有足够的意志力,就没

有雄才大略"这样的人生格言来激励自己。他的班主任田老师介绍说，韩炎彤初进高中时，还是一名"高价生"（分数比录取线要差一些，需要交一部分赞助费）。但是他并没有为此感到气馁，而是越发努力，艰苦学习，成为"学习标兵"。韩炎彤认为自己是一个极其能忍耐的人，甚至是靠意志力学习，迎接每一个挑战。

　　状元的光环光辉夺目，在耀眼的光环下，是一颗颗永不服输、勇敢拼搏的心。成功最致命的敌人，是碰到困难时缺乏斗志。在学习上，只有有足够的信心，用坚强的意志力来面对，才有可能取得成功。

　　2004 年安徽省高考文科状元陈铭是一个很有毅力的男孩。小时候知道自己画的画很难看，他就拼命地练习，直到画得令自己基本满意为止。中学时觉得自己历史知识不够完整，就和一个军事、历史知识比较丰富、全面的小男孩一块学习历史知识，查缺补漏。遇到不清楚的地方，他就查找参考书，比如《三国演义》、《史记》等，其实他未必都能看得懂，但他就是要看，要学，要问。高中时期，也遭遇过挫折，一度模拟成绩只是年级中游，但他有坚定的信念，有永不言败的精神，不气馁、不服输。

　　当一个人处于逆境的时候，或是碰到沮丧的事情之时，或是处于充满凶险的境地时，他们往往会恐惧、怀疑、失望，丧失自己的意志，以至于使自己多年以来的奋斗毁于一旦。对于中学阶段的学生来说尤其如此，他们的心理是很脆弱的。应当注意在逆境中、在困难时有意识地挖掘、培养意志力，只有这样做，思想上黑暗的影子才会离你而去，那些快乐的阳光才会映照你的一生。

　　其实，恒心毅力、坚忍不拔的灵验效应是可以从经验中得到的，当一个人能够坦然地面对生命中的失败，就永远不会接受人生的倒车。

每隔一段时间，总有人从百老汇大排长龙的求职者中脱颖而出，然后又风靡百老汇。但是风靡百老汇不是一朝一夕就能做到的。只有在一个人拒不服输之后，百老汇才会用金钱回报，认同其天赋才华。于是我们知道此人已发现征服百老汇的诀窍了。秘诀始终和坚强的意志力脱不了关系。

芬妮·赫斯特的奋斗史，就是这样一则故事。

芬妮·赫斯特是 1915 年来到纽约的，她梦想在这里实现自己的写作梦，想通过写作让自己的生活境遇好起来。然而她的梦想并没有在一夕之间成功，她在苦苦地坚持着。有 4 年之久，赫斯特小姐踩遍了几乎纽约所有的人行道。她夜以继日地工作并怀抱梦想。希望变黯淡的时候，她没有说："好吧！百老汇，算你赢了！"她说的是："很好，百老汇，你可能打倒不少人，不过，那可不是我！我会逼你放弃。"

终于她的一篇故事刊登在《周六晚邮报》上，而在这欣喜之前，她已经给这家晚报投了 36 次稿。如果换作别人，可能在遭到一次退稿的拒绝之后，就会放弃了，但是芬妮·赫斯特没有，她踩了四年的人行道，因为她决心要赢。

回报于是也跟着来了，魔咒一下子解除了，无形的向导已考验过芬妮，芬妮也通过测试了。从此以后，出版商络绎不绝地往来于她家大门。然后拍电影的人邀请她写剧本，之后钞票有如洪水泛滥一样，排山倒海向她涌来。

同学们可以从这个小故事中看出坚强的意志力的神奇效用，芬妮·赫斯特不是例外。任何人若累积了大笔财富，都可以一口咬定此人必定坚忍不拔。百老汇可以给任何一位乞丐一杯咖啡和一块三明治，但百老汇要求那些想做大赢家的人必须坚忍不拔。

当同学们在学习中，感觉到最苦、最累、最困难，快要坚持不下去的时候，再咬咬牙坚持下去，这其实就是意志的力量。

坚强的意志力首先表现在能控制自己朝着自己的目标前进。

不断地强化自己的行为，不断地提醒自己的目标。不达目的不罢休，不达目的不休息，时时刻刻想着如何能够达到理想。

坚强的意志力还表现在能够不被外界事物所迷惑。"玩物丧志"，当一个人的心思被一些哪怕很小的事物所吸引，就容易忘记自己该做的事情，将时间白白浪费掉。中学阶段的学习时间是异常宝贵的，好好学习文化知识才是最最重要的。而拥有坚强的意志力，会让你的学习能"更上一层楼"。

第四节　学习上要不断尝试

状元如是说

2005 年江苏省文科状元阚建容一直喜欢用"敌军围困万千重，我自岿然不动"这句话来提醒自己。高三时每天都在纸片上写"等着我，北大""今天我又向你靠近了一步，北大"等等诸如此类的话，然后大声念几遍，把纸片折成翅膀的样子，放进自己最喜欢的盒子里。平时，遇到一些难题，在听懂了老师讲的方法后，还要自己尝试去找一找有没有另外的解法。阚建容坦言这样能加深对题目的理解，能比较几种解法的利弊，使解题思维达到一个更高的境界。

原 GOOGLE 全球副总裁李开复博士说过这样一句话，"尝试往往孕育着重大的影响和改变，一定要勇于尝试，不能光拍脑袋做白日梦。此外，行动可以带来活力和自信，所以我们要给自己一个可行动的目标，利用学校的资源不断学习。"这句话，本是说给刚

进门的大学生听的。对中学生而言,也值得借鉴。

同学们可能听过这样一个小故事:

美国康奈尔大学的威克教授做过一个实验,把几只蜜蜂放进一个平放的瓶中,瓶底向光。蜜蜂们向着光亮不断碰壁,最后停在光亮的一面,奄奄一息,坐以待毙。然后瓶子里换上几只苍蝇,不到几分钟,所有的苍蝇都飞出去了。原因何在?原来苍蝇经过了多方尝试——向上、向下、向光、背光,一方不通立即改变方向,虽然免不了多次碰壁,但最终总会飞向瓶口,得以逃生。

苍蝇的成功给我们这样的启示:成功没有秘诀,只有在行动中尝试、改变、再尝试、再改变才能取得成功。有的人成功了,只因为他比我们尝试的次数、遭受失败的次数更多而已。只要不断尝试,永不放弃,就一定能成功。

在现实生活中,有的同学遇到学习上的难题,只会用一种方法去解,解答不出来,也不会改变方法,更不会调整解题思路,结果走进了死胡同;有的同学则不然,尝试一种方法不行,就去努力思考第二种、第三种方法,改变思路,另辟蹊径,最终会找到正确的解题思路,问题迎刃而解。

学习不能一蹴而就,成功需要在尝试中总结,在尝试中前进。下面,我们来看2006年广东省高考英语单科状元梁杏媚是怎么学习英语的。

"我从小学开始就对学习英语倍感兴趣,英语也一直是自己的强项。英语学习其实没什么诀窍,最重要的是对英语的兴趣,以及不怕犯错、敢于尝试的精神。"

据介绍,梁杏媚从高一开始,每个星期都主动找学校的外教老师"聊天",练习口语。而现实中,我们发现,很多同学怕说错而不敢说英语。

不断尝试是一种自信进取的精神,也是一种果敢创新的精神。中学阶段的求学中,学生一定要养成这种好的学习习惯。

第五节　学会整治自己的草地

状元如是说

　　2006年江苏省宿迁市高考状元胡玮玮是一个骨子里充满自信的男孩。平时除了学习以外,还喜欢打打篮球,听听音乐。在谈到高考的成功时,胡玮玮认为,追求成功,只有良好的愿望是不够的,还要找到赖以自信的科学依据和物质基础,必须学会"整治自己的草地"。

　　人要自信而不要自卑,你不比别人差,你要锲而不舍也能取得成功。这个观念,几乎深深扎根在每一位北大清华学子的心中。但在现实的生活中,我们可以从很多的中学生那里看到,在学习上遇到实际困难和问题时,他们的自信心很容易动摇,甚至会陷入自卑的泥潭而不能自拔。

　　有道是:"临渊羡鱼,不如退而结网。"当看到别人比自己更优秀而自叹自卑的时候,当前进时遇到困难不知所措的时候,何不如回过头来,善待自我,整治自己的草地呢!

　　"整治自己的草地"这句话背后,其实有一个动人的小故事。

　　一百多年前,美国费城有几个高中毕业生因为没有钱上大学,他们只好请求仰慕已久的康惠尔牧师教他们读书。康惠尔牧师答应教他们,同时他又想到还有许多年轻人没钱上大学,要是能为他们办一所大学该多好啊!于是,他四处奔走,为筹办一所大学向各界人士募捐。当时办一所大学大约需要投资150万美元,而他辛苦

奔波了 5 年,连 10 万美元也没筹募到。他心灰意冷:大学办不成呀!自己的打算不过是异想天开而已!

有一天,他情绪低落地走向教堂,发现路边的草坪上有成片的草枯黄歪倒,很不像样。他便问园丁:"为什么这里的草长得不如别处的草呢?"

园丁回答说:"你看这里的草长得不好,是因为你把这些草和别处的草相比较的缘故。看来,我们常常是看到别人美丽的草地,希望别人的草地就是我们自己的,却很少去整治自己的草地!"

这话使康惠尔怦然心动,恍然大悟。从此,他积极探求其中的人生哲理,到处给人们演讲"钻石宝藏"的故事:有个农夫很想在地下挖到钻石,但在自己的地里一时没有挖到。于是,他卖了自己的土地,四处寻找可以挖出钻石的地方。而买下他那块土地的人坚持辛勤耕耘,反倒挖到了钻石宝藏。康惠尔向人们讲道:财富和成功不是仅凭奔走四方发现的,它属于在自己的土地上不断挖掘的人,它属于相信自己有能力"整治自己的草地"的人!由于他的演讲发人深省、深受欢迎,几年后他赚的钱大大超出他建一所大学所需的数目。

这个小故事的启示很重要,也很实在。对中学生而言,在学习上,何必总是羡慕别人的才能、幸运和成就呢?你若总是希望别人的美丽草地变成自己的,这不过是空想,而且越想越觉得自己不如别人。其实,你并不比别人差。只有下工夫"整治自己的草地",才有希望,才会有瑰丽的人生。

2008 年宁夏高考文科状元陈溢辉说,谁都希望自己早日圆大学梦。但现实中总会有人失望。你要相信,"上天为你关闭了这一扇窗,就必定会为你打开另一扇窗",所以,你何必为此整日愁眉不展、唉声叹气,把该努力学习的时间白白浪费在无谓的叹息中呢?

的确如此,也许自信的真正含义就是实事求是地认识自我!你认识到"自己的草地"可以整治得很美丽,你自然会坚定不移地耕耘"自己的草地"!

第六节　把萎靡不振的头抬起来

状元如是说

　　新疆高考状元魏娜（就读于北京大学经济学院金融专业）曾是一名复读生。在复读刚开始的两个月里，魏娜一直有些心不在焉。看着昔日的同学们一个一个拿到录取通知书开始了求学路，而自己却要回到教室里重新开始，她的情绪相当低落，觉得自己没有办法全身心地投入学习。到了期中考试之后，魏娜才猛然意识到，要是再这么"混"下去，这一年就又荒废了，想到此，她终于打起了精神。

　　或许有很多同学也曾像魏娜一样，在学习上一度迷惘，害怕再次失败。其实，他们不知道，失败的原因就在他们自己身上，比如不肯在学习上集中全部心思和智力；比如听起课来，无精打采、萎靡不振；比如没有远大的抱负，在学习的过程中也没有排除万难的决心，遇到一点点小挫折就会丧失信心。他们没有使全身的力量集中起来，汇成滔滔洪流。

　　世间有一种最难治也最普遍的毛病就是"萎靡不振"。"萎靡不振"往往使人完全陷于绝望的境地。

　　一个学生如果在心理上处于不思进取的状态，那么他就会表现出萎靡不振，他的行动也就必然缓慢，脸上必定毫无生气，学习起来也会弄得一塌糊涂、不可收拾。

　　有一个年轻人，在路上与他大学时期的一位教授巧遇，老教授

关心地询问年轻人的近况。年轻人将自己从离开学校一直到当时的遭遇以及所有不顺利，一五一十地对老教授倾诉起来。

老教授耐心听着年轻人的抱怨，好不容易等到他告一段落，老教授才点点头说："看来，你的状况不是十分理想。不过，重要的是，你有没有想过要改变这种现状，让自己过得好一点呢？"年轻人急忙回答："我当然想过得好呀！教授，有什么窍门吗？"老教授神秘地笑了笑说："的确有诀窍，你明天晚上若是有空，按这个地址来找我！"说着，老教授递了张名片给年轻人。

第二天晚上，年轻人来到老教授的住处，那是在市郊的一处简陋平房。老教授看到年轻人，高兴地在屋里摆了两张凉椅，要年轻人坐下来陪他聊天、看星星。老教授言不及义地和年轻人聊了很久，年轻人开始毛躁起来，急着要老教授告诉他，如何方能使自己过得更好。老教授微笑地指着天上的星星问："你能数得清天上有多少颗星星吗？"年轻人抓了抓头说："当然数不清，可这和我有什么关系？"老教授望着年轻人，语重心长地说："孩子，在白天，我们所能看见的最远的东西是太阳；但在夜里，我们却可以见到超过离太阳亿万倍距离以外的星体，而且不止一个，数量多到数不清。"老教授继续道："我知道你的处境不顺利，但若是年轻时便一帆风顺，终其一生，你也只不过看到一个太阳；重要的是，当你的人生进入黑暗时，你是否能看到更远、更多的星星？"

的确，人生的挫折就如黑暗，它不是令人闻风丧胆的洪水猛兽，而是人生的一笔财富。它就像一面镜子，能够清晰地照出最真实的自己，让你对自己看得更清楚。

这个小故事，每一个同学读完后，应该都会有这样的启示：萎靡不振，绝不会成功。在学习上，不肯专心、没有决心、不愿吃苦，就绝不会有成功的希望。获得成功的唯一道路就是下定决心、全力以赴地去做。